深圳大学学术著作出版基金资助
Subsidized by Shenzhen University Foundation for the Production of Scholarly Monographs

庄锡华 著

国学读书札记

苏州大学出版社

图书在版编目(CIP)数据

国学读书札记 / 庄锡华著. —苏州：苏州大学出版社，2016.1
深圳大学学术著作出版基金资助
ISBN 978-7-5672-1613-6

Ⅰ.①国… Ⅱ.①庄… Ⅲ.①读书笔记－中国－现代 Ⅳ.①G792

中国版本图书馆 CIP 数据核字(2016)第 001083 号

书　　名	国学读书札记
著　　者	庄锡华
策　　划	刘　海
责任编辑	刘　海
装帧设计	吴　钰
出版发行	苏州大学出版社(Soochow University Press)
出 版 人	张建初
社　　址	苏州市十梓街1号　邮编：215006
印　　刷	苏州工业园区美柯乐制版印务有限责任公司
网　　址	www.sudapress.com
E - mail	Liuwang@suda.edu.cn　QQ：64826224
邮购热线	0512-67480030
销售热线	0512-65225020
开　　本	700 mm×1 000 mm　1/16　印张:13.5　字数：175千
版　　次	2016年1月第1版
印　　次	2016年1月第1次印刷
书　　号	ISBN 978-7-5672-1613-6
定　　价	28.00元

凡购本社图书发现印装错误，请与本社联系调换。服务热线：0512-65225020

自序

一

"人非生而知之者,孰能无惑",生而有惑,便欲求解,古人要我向方家请益。

问道于盲,焉能指迷?问道于智,智者千虑,经常各说各话、让人莫衷一是。譬如嫂溺,有说应守礼法,不能救;有说礼法可以变通,可以救。文王好色,孔子是之;卫灵公好色,孔子非之。有法不依,法即非法,标准定得那么活,叫人如何决断?一疑未解,又生一疑。由此看来,请益智者虽能得到启发,但最后还要自己做决定,求师问道与思里问道最好能够互相配合,亦学亦思,学,继之以思,才能大大提高处理疑难问题的效率。

好学再加深思,这其实也是圣人、智者的意思。圣人诫我以思,曰:学而不思则罔;曰:三思而后行。荀子也说:"君子之学,入乎耳,着乎心。"并为人指了一条"思索而通之"的认知门径。这里所谓"着心",就是指学后还须认真思考,仔细琢磨反复斟酌,提升为理性的自觉——通之。一通百通,便能从心所欲而不逾矩。唐代韩愈信从圣人之说,并有新的生发,认为"行成于思毁于随",肯定思考是行动获得成功的保证。近年时常琢磨"学而不思则罔"一语,获益良多。大学读书时读到谢灵运的"池塘生春草,园柳变鸣禽"两句,书上说好,先生也说好,周围的人都在说好,自己也便跟着说好,最后便成了条件反射，一听闻就说好，从没有想一想好在哪里。这几年闲下来了，有时间对自己过往的认知进行反思，一思考便感觉不对：不觉其好。听韩愈的话，求师解惑，耐着性子听专家讲解了半天，也没能说出让我信服的道理来，觉得从此不能再跟着别人随便说好，自己感觉好才说好。再后来，读到王安石给孙正之的信，先贤一言九鼎："时然而然众人也，己然而然君子也。"意思是要学圣人有主见，不能人云亦云。主见从何而来？不就是来自思考吗？思考了，才能将前因后果都想个明白；思考了，才能有行动的自觉，才能体会到生命的自由。王安石信里的这个意思，让我想到早年读马克思《1844年经济学哲学手稿》中的一段话："任何一个存在物只有当它用自己的双脚站立的时候，才认为自己是独立的，而且只有当它依靠自己而存在的时候，它才是用自己的双脚站立的。靠别人恩典为生的人，把自己看成是一个从属的存在物。"大师毕竟是大师，开着窗子说亮话，把道理说得那么透彻。人应当有主见，该然而然，不该然不然，是是非非，悉由己定、悉从己出，虽然要消耗不少脑细胞，但这是人的活法。谁不想选择人的活法，谁愿意懵懵懂懂、人云亦云，一生尽看别人的脸色行事？

　　以上便是本书的著述宗旨，概言之，活着就要思考，活就要活个明白。本书均为近年作者思考所得的书写，有读书思考的收获，有对当前事象思考的心得，有结合自己的写作经验表达对辞章之学的理解，是好是坏、是浅是深都带着个人的印记，自然也应由个人负责。缘于头绪纷繁且限于篇幅，书序只能择其要者，将相关的思考成果略加阐述。

二

　　首先是明白了不少做人的道理。书中列举的古人事迹大多耳熟能详，一深思，便有别样的收获。富贵不能淫，威武不能屈，贫贱不能移,是针对特殊环境中生活的人说的,"功名富贵,早等之浮云;成败利钝,且听之天命。宁为文文山,不为许仲平"(张煌言《答赵廷臣》)。和平年代,生活在小康社会,沧海横流的情形不太常见,更不用说直面生死作如此艰难的选择。但许多做人的原则却是相通的。譬如平居里巷,罕有风雨,以为放纵无碍,其实愈是细微处就愈能见精神,缺少了正义感、不深自检点、不经意间就会滑出人生的常轨。私人空间里的"慎独",必能转换为公众场合中的"宜处"与"乐处"。欧阳修生活于北宋盛时,平时性格谦和,官运也算亨通,本可以安富尊荣,因为谨记圣人求仁得仁的教训,也便疾恶如仇、见义勇为。给高司谏写信,越界承担道义的责任,直斥高为小人,公开向朝廷谏官叫板,将身家性命与进退出处置之脑后,而这已经不是欧阳修第一回"轻肆直言"了。他向朝廷递折,揭发朝中高官的劣迹,与这样的大人物PK,胜算能有几何?难道不怕别人报复?是的,明哲保身、讳言是非,尽管可以苟安,但却不是正人君子的活法。欧阳修胸襟磊落、堂堂正正,为后人竖起了一根做人的标杆。在这里,我特别想到郑燮叮嘱其兄弟时最平常的一句话,叫作:"世道盛则一德尊王,世道偷则不同为恶。"不管环境有多么险恶,一心向善,洁身自好,做人要有基本的人格。

  司马光、曾国藩都认为凡人由俭入奢易,由奢入俭难,以此告诫家里的戚属,决不能沾染上纨绔子弟的恶习。我以为这些话仍可以作为今日富二代、官二代的鉴戒。但我也发现了例外,在明末清初张岱的身上,司马光、曾国藩二人的断论就未能得到验证。张岱生于官宦之家,前半生歌舞升平、吃喝玩乐,后半生遭逢国难,家产荡尽,衣食不继。国变后,一个从不知道吃苦的张岱居然非常迅速地调整好了心态,困守深山,极度贫寒、一意著书。可见不论贫富,只要胸臆间有一条人格的底线,就会在艰难的时刻让人性、良知发出令人钦敬的光芒。拿张岱来说,虽然没有惊天动地的事迹,却永远赢得了后人的尊敬。

其次，思考让我领略到人生的智慧，有不少新的收获。譬如，古人倡忍，说尽了忍的好处，并列举了许多成功人士作为例证，且言之凿凿。勾践会稽山中卧薪尝胆，一忍就是十年，终于忍来雪耻复国的新局，勾践的忍居然成了春秋霸主夫差的一场恶梦，待其梦醒，也便到了凄惨落幕的时候。韩信之忍胯下之辱，堪称是千古一忍，但这样的忍是有回报的，得到汉高祖器重的他，率领大军逐鹿中原，终于迎来了青史留名、扬眉吐气的一天。在王阳明、曾国藩的一生事业里我们都能看到忍辱负重给当事人带来的好处。有人还专门著书，系统阐述忍的要义。平心而论，与人相处，确实学不得"刚肠嫉恶、轻肆直言、遇事便发"的嵇叔夜，不顾场合，率性任气，只求一时痛快，处处树敌，人生的路也会越走越窄。概言之：要忍。但一深思，觉得也不能一味地忍，忍有忍的边界。苏东坡夹在新旧党争之中，被头上的一顶乌纱驱来遣去，黄州、惠州、儋州，越贬越远，这样的忍，在局外人看来，是可忍孰不可忍。在我眼里，当代的智者邓小平才是知忍、善忍的大师。改革开放之初，邓小平倡言"韬晦"，意思是国力不济，在国际事务中要忍，为这个历经艰难的国家争取到几十年和平发展的时光。国人今日过上富足的生活，说是拜其所赐也不为过。但忍与不忍，邓小平的选择是有原则的。"文化大革命"中他被贬江西，读书思考，隐忍不发；1973年复出后有人要他对毛泽东发动的"文化大革命"作肯定性表态、据以自固，却被他断然拒绝，选择了宁肯玉碎、不为瓦全的"不忍"。这便是知其可以忍而忍之，知其不能忍而不忍。关键时刻的这一不忍，虽然让他付出了沉重的代价、陷入了一生最为险恶的境地，却也使伟人人格熠熠生辉。三军可夺帅，匹夫不可夺志，我想，到了欲忍不能的时候，那就是血脉贲张，义无反顾，一点退让余地也没有。

有关寄与溺、争与不争的考量，也给了我许多启发。袁宏道说：

"凡人必有所寄",生活中谁不有几样个人的爱好?寄丰富了生活,增加了情趣。但寄不能蜕变为溺,一溺便迷,迷是非、迷方向、迷本性,"溺者,通人所戒,然亦通人所蔽也"。溺源于欲,苏轼说"调生养气,难在去欲",去欲不能,苏轼便将注意力集中在"留意"与"寓意"界限的分辨,认为应将人欲控制在"寓意"的范围内,在这一界限内,"虽微物足以为乐,虽尤物不足以为病",这样的寄,丰富生活、陶养情性,自然是有益无害。苏、袁所说,都是生活中的常识,但常识缺失,不也是世人的通病?历史上多有因此毁家亡国的恶例。温习古人这些看似俗套的提醒,加之以平时的警惕,更能在日常生活中获益。还有,说到处世,人必倡言积极,但读《老子》,觉得顺其自然、自然而然也不失为守本分、合情理的人生。所谓积极并不是事事都要争,处处都要争。为国家争、为民族争,理所当然;为自己争,为妻、为子争,争名、争利,到头来必成孤家寡人。刘劭(《人物志》)称这类好争者是"矜功伐能,好以陵人",生活中一旦出现变故,"在前者人害之,有功者人毁之,毁败者人幸之",落到这样的境地,岂不是人生的一大悲剧?看来还是老子说得对,"不争而争",才是处世的境界。

再次,感受到生活的情趣,多了珍惜生命的觉悟。懂生活、有情趣,可以视为古代杰出人物的共性。袁枚《所好轩记》自称"好味、好色、好葺屋、好游、好友、好花竹泉石、好琚璋彝尊,名人字画,又好书。"张岱《自为墓志铭》也说自己:"好精舍、好美婢、好娈童、好鲜衣、好美食、好骏马、好华灯、好烟火、好梨园、好鼓吹、好古董、好花鸟,兼以茶淫橘虐、书蠹诗魔……"袁枚在富庶的江南当过十年知县,宦囊丰厚之后,落脚秦淮河畔,众好集于一身,活得十分风光。张岱出身世家,富有钱财,西湖冬夜赏雪,金陵聚众郊猎,兴头一来,玩起来动静很大。后人虽亦有心仿效,但若进金山寺,没有僮仆、配不起全副行头,戏瘾上来,大约也只能清唱,一个人势单力薄,不待尽兴,恐怕早被惊起的和尚逐出了山门。

境遇不同,袁、张只配被我们歆羡。但钱不多、没有钱,不要紧,只要有心,也一样能活出情趣来。王子猷喜植竹,欧阳修好山水,苏东坡善烹调,花钱不多,活得有滋有味,悦性怡情,好不自在快乐。更多的时候,只要有一副能够感受生活情趣的心态,就可有悠然心会、妙处难与人说的意外收获。归有光一生潦倒,对底层人物的人性却有别人缺少的敏感。他写《寒花葬志》、写《女二二圹志》时注意到寒花冉冉而动的眼珠与替主护食的率真,描写出生未及周年的女儿二二见父亲归家时"跃入"其怀的欢腾,俱是神来之笔,没有慧眼,如何发现,没有情趣,怎有感觉? 我想,归有光的作品之所以耐读、获得好评,应是文情并茂、感人至深的缘故吧? 袁宏道更是明代的趣人,乡间生活何等寂寞,可他从两鸡缠斗时村童的意外出场,感受到混沌世道中童性的率真,反复品味、不断发酵,愈觉有趣,不禁得意忘形,欢喜雀跃。在作者,这属于失态,但定格在中国文化史上,却成了美谈。读罢《山居斗鸡记》,忍俊不禁,读者也定会报以会心的一笑的。袁宏道的文章告诉我们,率性自然最能领悟生活中的妙趣,自己缺乏情趣,也决不能做专门扫人兴头的"九斤老太"。如此看来,花钱寻欢也罢,苦中作乐也罢,都会让人生变得精彩起来,这里的关键是不要轻易关闭了通向情趣的大门。

书中部分文字体现了作者的现实关注。"文章合为时而著,歌诗合为事而作",位卑未敢忘忧国,顾炎武《与友人论学书》批评不涉世务、言心言性的所谓学问,郑板桥"文必切于实用"的提醒,也一直牢记于心。平时读书思考,时常留意居室外的社会,未敢轻弃知识人的责任,见微知著、颇多感触,于是引譬连类,提纯为学理性的文字。涉及的虽然不是什么军国大事,但修身、齐家对于每一个立足社会的人来说也不算小事。譬如,"誉乎己,则以为喜,毁乎己,则以为怒者,心术之公患也",耳朵根子的毛病极是常见,患上了,治国者祸国,自治者祸身,看一看古人应对的法子,当然会有获益。譬如,清议代不乏人,今日清议技超前辈,特别善于把握似是而非的议题,发声响亮,最能惑人。古人对清议是有警惕的,将先贤的论述与当下的事实对读,我想一定能唤回社会的良知。再譬如今人对身体的兴趣,花样翻新,别出心裁,一转念,想起魏晋士人也曾有过身体的迷思,他们服食药石,面敷金粉,或宽袖大袍或裸身而行,污言秽行,令人侧目。然而魏晋是乱世,岂能与政通人和的当今社会相提并论?拿今天的情形来说,关心身体自然无暇留意黄岩岛、钓鱼岛的被侵,一意享福谁还会去关心民族兴亡、他人死活?读史之后,得了警示,对当前发烧的身体也就多了几分警惕、多了几分忧虑。

写作是作者的爱好,读书时对古人关于文章问题的论述多有关注。韩愈提出"道德之归,外之为文",认为德性是文章的基础,这是儒家的观点。文如其人,"仁义之人,其言蔼如",意思明确也较能获得词林中人的响应。满肚子男盗女娼,写文章道貌岸然,说一套、做一套,怎能服人?至于载道然后不朽的观点,历代都有不同的声音。欧阳修认为"言不可恃",意思是要为著书立说者减负,著书而能存世的少之又少,期盼青史留名,还应多从别处找寻门径。清人郑板桥检点国人著述的历史,说是"风云月露之辞,悖理伤道之作",不待人烧,彼将自烧。欧阳修、郑板桥都是古代的智者,他们把话说到这个份上,能不引人深思?因此也会让人有这样的疑问:能够存世流传的著述究竟应该具有什么样的品格?说假话、说空话,不懂装懂、绕来绕去的文章,无疑只会速朽;与此相反,发声自然,想明白了再说,说明白话、有一分证据说一分话,或许就能多一点传世的机会。

三

作者专业之外从事文化随笔的写作也已有好多个年头了,本书是我的第四本随笔。早年写作,受当时"大散文"风格的影响,铺张扬厉，下笔不能自休，为文造情的意味较浓。行文冗长拖沓，喜欢堆叠华丽的辞藻，这些问题自己当时也已经有所察觉，也许是有意显示所谓的才情，对此有较多的宽容。书写形式的这些特征其实也与作者那时相对年轻不无关系，年轻使性，偏好宏大叙事，而"大散文"的读者也多半属于青年，写作时总是有意无意地予以迎合。出书后，网上有说我的文章胜过当时非常走红的作家某某，我看了只是一笑，断定这只是青年同道未加深思的调侃。不过因为该书内容关涉古时的南京，第一本随笔还曾入列该市书店销售榜的前列，确实给作者带来了一份意外的欣喜。第二本随笔堆叠、拖沓的作风减去了不少，因为卖得好，出版社第一次印了四千，几年后又印了第二版。事先讲好给付稿酬，交出书稿后我也懒得去问销售的情况。

　　直到写第三本随笔时我才有了较多关于文风的自觉。不再煽情，清楚表达作者的意思后无意加入过多的文饰，注意把作者的心意隐藏于事实的叙述中，而不像之前那样一冲动就抛头露面，直接出来抒情。文风也因此渐向简淡一路走去。我特别记得闻一多谈论孟浩然诗风的话，他说："淡到看不见诗了，才是真正孟浩然的诗"，闻一多认为在孟诗这个研究领域里，与其关注孟浩然的诗，不如去研究诗的孟浩然。年纪大了，成熟了，看惯了云卷云舒，心境、文思也许会跟着岁月的流逝淡泊许多。写随笔给我启发的前辈作家还有丰子恺，他的文笔朴实无华，大张旗鼓抒情的事，在他的文章里几乎难以见到，但文章灵巧机智、情趣盎然、寓意隽永。平日里经常感叹：同样五千来个常用的汉字，为什么在大师的手下就像是精心编排过的琴键，随便抚弄，便是一首动听的乐曲？让人好生羡慕！

　　文字简约也是近年作者写作中较多体会的方面。今人读到的古文大多是前人精选过的佳品，古人惜墨如金，欧阳修"逸马杀犬于道"，千载传诵。前面提到归有光的《寒花葬志》《女二二圹志》，都是极短的短文，可见精短的文章可以有高妙的表达，完全能与大部头的著作并肩,一道接受人们的敬意。现代白话文写作并非例外,照样有文字简约的要求。鲁迅是现代白话文章的大家,他写文章"力避行文的唠叨,只要觉得够将意思传给别人了,就宁可什么陪衬拖带也没有……"看来他也是词林中的"极简主义者"。梁实秋回忆"清华八年"国文老师为他改文章的事,也给我留下很深的印象,其中便有省略虚文虚字的"硬转"。听闻之后,我也试着在写作时压缩烦琐的交代,略去虽然、但是、因而、所以,这类前承后启的虚字,"硬转"之后,也觉得文章"朴拙有力",简明、清爽了许多。

　　文章千古事,得失寸心知,这里蕴藏了太多的学问。"五四"之后,白话普及,文体解放,好像人人都能作文了,其实不然。好的文章让人反复回味,不忍释手。像闻一多的学术论文、丰子恺的《缘缘堂随笔》,殚精竭虑,思想与文字相得益彰,是现代白话文章中的佳品,学其上、仅得其中,写文章当然应当向这样的大师学习。

目录

书里烟霞

- 说"溺" /3
- 文人的遗憾 /7
- 老子的"自然" /12
- 关于杀头的事 /16
- 自挽联 /23
- 欧文洞幽 /27
- 太守为何而乐 /33
- 王安石四文读感 /38
- 苏轼谈做人之道 /49
- 文人笔下的古代官场 /59
- 袁宏道说情趣 /68
- 《灵岩》中的美女话题 /73
- 顶级票友 /76
- 戏说戴名世 /79
- 听方苞说犯错与防错 /83
- 曾国藩的两副面孔 /87
- 鲁迅三题 /91
- 金陵怀古 /95

平居有思

- 褒贬之间：关于说话的分寸 /107
- 萧衍之失与耳朵的毛病 /111
- 听古人论得失 /114
- 清议的迷思 /117
- 友情漫议 /121
- 劝架的智慧 /126
- 身体热及其镜鉴 /129
- 崇让：也说进与退的道理 /132
- 从汤武革命说起 /136
- "麝贿"的启示 /140
- 临终之言未必尽善 /143

文章得失

- 读书说序 /149
- 道德之归，外之为文 /155
- 尺牍中的胸怀与情操 /158
- 简单的人话——也说文风 /164
- 学术之私与学术兼容 /168
- 会飞的声音 /171
- 诗词中色彩的艺术 /176
- 逾矩读诗 /181

附文

- 日剧观后 /191
- 戏说陶渊明 /195

后记 /199

书里烟霞

说"溺"

凡人都会有自己的爱好,按照明人袁宏道的说法,"人情必有所寄"(袁宏道《致李子髯书》)。"寄"即寄托,实际就是爱好。袁宏道见多识广,对人生有较多的观察,在尺牍中列举了以弈为寄、以色为寄、以技为寄和以文为寄的各式人生。根据他的相关描述,寄的内容有多种价值定位。寄可以是生活的重要支柱,主要指对自己从事专业的坚守与热爱,这是寄值得肯定的方面。儒家先哲,大多有让其精神专注的一生秉持,最高价位即所谓达则兼济天下、穷则独善其身。诸葛亮避居南阳、躬耕陇亩,却以天下为寄,将天时、地利、人和及当时各派政治力量的消长熟筹于心,且日夕以管、乐深自策厉,后来遭逢先主刘备,感其至诚,开说大计,指掌之上分剖天下。草庐中的这场对谈被后人誉为确定后来中国历史走向的君臣首晤。"为天地立心,为生民立命,为往圣继绝学,为万世开太平",这是以天下为寄,在寄中属于最高的境界。稍低于此,个人私生活的范围内,寄居间驱动的实例也非常普遍,最典型的便是怡情悦性的消遣。袁宏道性喜山水,山间明月、江上清风,每每让这位诗性的才人感发兴起。"弟已令吴中矣。吴中得若令也,五湖有长,洞庭有君,酒有主人,茶有知己,生公说法石有长老……"(袁宏道《寄同社》)吏部的公文刚一下发,他便匆匆向故乡的朋友报喜,信纸上满溢着修书人的欣悦。米元章爱奇石,被称作"颠";蒲松龄追捧志怪,一生潦倒,却舍得掏钱买故事,被乡党目为痴人。风雅之士往往都有一两种独特的喜好,而"寄"

中亦自能获得快乐,性情得到陶冶与升华。总起来看,有寄的生活才会让人感觉充实。等而下之,若所"寄"之物过于卑微,以致玩物丧志,寄便没了正当性,一扩张、一放大,就成了"溺"。

所谓溺,就是众人认为举措失当,而当事人沉迷其中、难以自拔。袁宏道这位古代的智者,关注"寄",更警惕"寄"向"溺"的滑落,他分析说:"举世皆以为无益,而吾惑之,至捐性命以殉,是之谓溺。溺者,通人所戒,然亦通人所蔽也。溺于酒者,至于荷锸;溺于书者,至于伐冢;溺于禅者,至于断臂。"(袁宏道《游苏门山百泉记》)细想起来,我觉得袁氏游记中所举三例似乎稍有不伦。刘伶嗜酒,出门让人带了锄头跟随,言明何处醉亡便在何处埋骨,《世说新语》美其名曰"任诞",实际是颓废放荡,属溺的恶例,后世持批评意见的人很多。汉末钟繇为能亲见蔡邕的书艺真迹,掘坟挖墓,让死者不得安宁;僧人慧可为从达摩处求取佛法,立雪、断臂;这样的"溺"虽然令人侧目、惊骇,却仍有优容的余地,与我们所理解、应予全盘否定的"溺"存在出入。不过,我注意的是游记中"通人所戒"与"通人所蔽"一语,它清楚地表明了袁宏道斥溺、祛溺的立场。"通人所戒"较为难得,但也不乏现成的例子。欧阳修写《归田录》说"盖寡好而不为物累者,昔贤之所难也",而北宋名臣吕蒙正则能超越这样的"物累"。当时有人要送吕蒙正一面据说能够照两百里的镜子,以此结交这位台阁重臣。面对一件稀世宝物,吕蒙正不为所动,说自己的面孔大不过一个碟子,不要浪费了这面能照两百里的铜镜。另一位北宋名臣韩琦受赠一只"表里无纤瑕可指"的玉盏,拒绝不成便酬以百金,平时也极珍爱,一次宴客,被一位粗心的下吏打碎,当事人惊恐万分,韩琦只是淡然一笑,说"物破自有时也"。

在现实生活中溺是文雅的说法,通俗一点就是上瘾。追根寻源,溺其实内生于欲。太史公说:"人生有欲,欲而不得则不能无忿,忿而无度量则争,争则乱。先王恶其乱,故制礼义以养人之欲,给人之求,使欲不穷于物,物不屈于欲,二者相待而长,是礼之所起也。故礼者养也。稻粱五味,所以养口也;椒兰芬苾,所以养鼻也;钟鼓管弦,所以养耳也;刻镂文章,所以养目也;疏房床第几席,所以养体也;故礼者养也。"(《史记·礼书》)司马迁是研究历史的专家,他总结治乱之道,认为礼由人起,圣人设礼是为了制欲。读《史记》中的这段文字,感觉司马迁有点像今日的心理学家。"人生有欲,欲而不得则不能无忿,忿而无度量则争,争则乱。"人性的弱点被他琢磨得如此深透!司马迁把儒家设礼养欲视为先王的治乱之术,听起来确是别有一番滋味。礼者养也,不养就会越礼,这便应了管仲"仓廪实而知礼节,衣食足而知荣辱"那句话。目前社会上也流行这样一种观点,认为义和廉是养出来的,不养,就会出轨、就会贪腐,因而有高薪养廉之说。我想,即使此说能够成立,尺度的掌握仍是一个大大的难题。譬如,大老虎们被查抄时,据说家里的金银珠宝多如山积,聚拢起那么多的财物该有多么不易!平日里必是锱铢必较、有利必图、处处伸手,合于河海不择细流的法则,说要养欲,谁能弄清楚这些人有多深的欲壑,要用多少金钱、美女才能将其填满?

恩格斯说问题的出现总是与解决问题的办法相伴而生,治溺制欲亦复如是。司马迁身后一千多年,宋代理学将相关研究向前推进了一步,提出了以理制欲的设想,重在自修,感觉更加简便宜行。张载认为人性是一个复杂的组合,可以区分为气质之性与义理之性。认定人欲受气质之性的操弄,气质之性是感性的,为物所役;义理之性则为理性把握、力能役物。贪婪、好色这类恶溺,说到底便是为物所役,陷于其中,予求予取,当事人早已身不由己。拿《水浒》中的西门庆来说,他终日忙忙碌碌,到处寻花问柳,寻求感官的满足,全然成了身体的奴隶。宋徽宗一国之主,本应集中精力来治国,却将天下苍生抛于脑后,一意满足其对于奇花异石的嗜好,专设花石纲,诛求无度,兴师动众,不仅劳命伤财,还让环伺于侧、早怀并吞之心的强敌钻了空子，金人铁骑尾随花石滚滚而来，汴京陷落，五国城成了这位风流皇帝凄凉的归宿。掌握了理、欲消长的动态关系，理学家因此特别强调义理之性的培植，企求其足够强大，管控住只会添乱的人欲。役物之后，言语行动，决于自己，决于理性，欲与物就不能于人为害。两相比较，可知司马迁的"养欲"是低水平的解决办法，理学家不养欲，改养气，"浩然之气"勁勁而生，更能收兼治标本之效，似乎找到了求解难题的锁钥。

由溺、瘾的危害，说到治乱，说到灭身，虽然合于逻辑，但多少有点吓人，且与寻常百姓的生活隔得较远，还是回归常态人生，亦好让一般读者从相关的讨论中得到趋利避害的切实帮助。红尘滚滚、熙来攘往，我特别佩服的古人是苏轼，觉得他有通达的禀赋，豪放归豪放，一样懂得节制与放纵的分际，并有"调生养气，难在去欲"的深刻认知（《东坡志林·修养篇》），故能远离诱惑，有寄而不陷于溺。作为文人雅士，苏轼生活中嗜好颇多。他雅好美食，也不拒绝美色，但对寄向溺的堕落则有十二万分的小心。《王君宝绘堂记》"君子可以寓意于物，而不可留意于物"的学理概括便是明证。文中寓意属一般的喜好，有分寸的把握。喜好不是癖好，也不是沉迷。留意即是溺、即是瘾，"留意而不释，则其祸有不可胜言者"。可见苏轼对于"溺"怀着深深的恐惧，避之犹恐不及。

荀子说："君子乐得其道，小人乐得其欲。以道制欲，则乐而不乱。以欲忘道，则惑而不乐。"（《荀子：乐论》）我想，有寄而不至于溺，寓意而不陷于留意是此处的关键，既然是生而有欲，人人就都要深自检点，认真把握好这个接物的尺度。

文人的遗憾

留一点遗憾怎样,你想过这个问题吗?

检视古代文人的行止,常能听到他们发自内心的感喟,遗憾似乎成了生命乐章的一个重要部分。有人将不留遗憾作为一生最大的希冀,其实留一点遗憾又有何妨? 也许正是因为有遗憾,才是普通的、与平常人一般无二的人生,才会有许多眷念、不舍。什么要求都能满足,什么愿望都能实现,没有一点点遗憾的人生,能算是理想的人生吗?

人的一生中有遗憾不足为奇,在它萌生、滋长的时候可能会被意犹未尽的感觉缠绕、折磨,但时过境迁,生活中那些不快的遭际经过漫长岁月的淘洗、发酵,或许会成为曼妙的记忆,可以从中品味到人生的种种奥秘。当然,遗憾也可能成为刻印于当事人心头、时时作痛的一道伤疤,但现实生活中日日上演的活剧展示给人的不就是这样的吗? 是的,我们羡慕手眼通天的强者,即使是九天揽月、大海捞针,在他们的脸上也绝对见不到半点难色。但这种没有遗憾、貌似圆满的人生,不会有记忆、不会有想象和幻想,不也是一种平淡无奇的人生?

欣喜之后有悲哀,悲哀之后有欣喜;生活正是在愿望的实现与愿望的不能实现的交替中度过的。欣喜与悲哀的切换是人生的常态,也因此希望每个人都能有健全的心态:适应有遗憾的生活、不再斤斤于一时的得失,不要求所有的愿望都能够获得满足。俄国诗人普希金说过去了的会成为亲切的怀恋,遗憾的存在丰富了生命的内涵,因为心有不足,人生才会有不灭的祈求。

政治家的遗憾是历史的遗憾,在它面前,一切文化诠释都变得苍白无力。不过我想,假如政治家没了遗憾,历史就得重写!赤壁一把火烧没了曹操的统一之梦,天下由此三分,有人说这是天意,但"天意从来高难问",人们无由知晓。而经此一役曹操的心态发生巨大变化却能从史书的描述中感觉得到。使人大为困惑的是,一场败仗竟让这位久经沙场的乱世枭雄的性格变得怪异起来,临终写遗嘱,婆婆妈妈,居然有"卖履分香"之类的叮咛,哪里还有早年逐鹿中原的王霸之气?读书人以兼济为职志、关心家国天下在中国颇有传统,壮志难酬后也常能听到他们含着遗憾的叹息,像:"此生谁料,心在天山,身老沧州。""死去元知万事空,但悲不见九州同。王师北定中原日,家祭无忘告乃翁。"辛弃疾也有"却将万字平戎策,换得东家种树书。"听了着实让人感动。但国运的盛衰有复杂的原因,对宋金当时真实的国力没有清楚的认知,万勿随声附和。郑板桥在家书中说:"宋自绍兴以来,主和议,增岁币,送尊号,处卑朝,括民膏,戮大将,无恶不作,无陋不为。"指望劣迹累累、只知苟且的小朝廷率师北伐、完成统一,不也同于缘木求鱼?熟悉宋史的钱钟书对这两位带着爱国主义桂冠的文坛名人就有与世人不同的评骘,但书生作秀,故作惊人之语,这样的批评是不是太过尖刻?知之为知之,不知为不知,我关注更多的还是个人的切身体验,虽然平凡、甚或琐细,却是普通人都会有的感受,一细究,往往能体悟到许多深刻的哲理。

中国知识人受儒家入世精神的影响,极想有为,但欲建功名,须走科场正道。咫尺帏幄,成了许多文人不堪回首的伤心之地。闻一多喜欢孟浩然,说隐在别人是无奈,对孟浩然说来则是一个完整的事实。我觉得孟氏的隐其实也并不"完整","不才明主弃","欲渡无舟楫",白纸黑字俱在,传达的分明也是诗人志不得酬的隐痛,看诗中情形,说是撕心裂肺也不为过。蒲松龄一提到当时的科举考试总是咬牙切齿,发声特别严厉,但每有考试,绝不缺席,也着实让人叹服,古稀之年与一帮青年士子一起忍受解衣搜身的屈辱、挤进逼仄的场屋苦熬三天,然后翘首期盼榜上有名,何等的执着!据此说科场失意是困扰他一生的遗憾,应当不是一个错误的判断吧?归有光是明代享有盛誉的文章大师,然而曾经的对手、倡言复古的后七子王世贞在估衡了归氏一生功业后仍为他叫屈,说他年近花甲始获科名,一生中大半时间为举业和生计所困,大大限制了归氏在文事上的成就;清人曾国藩的文章中也有类似的评议。虽然只是别人的揣度,当事人对此难道没有任何感觉、不曾有过一丝抱憾?也许归有光正是带着许多未了的心愿离开这个嘲弄过他、又让他充满希冀的人世的。

有情人终成眷属,谈何容易!婚恋未契心愿也是常人最多遗憾的方面。听陆游在《钗头凤》中发出"错、错、错;莫、莫、莫"的叹息时,脑海里立时呈现两张完全不同的女性面孔:一张威严无比、一脸的怒气;一张虽然如花似玉却面露戚容,陆游夹于其间,除了就范于严母的旨意还能有什么别的选择?重要的是,对陆游来说,这绝不是一次简单的毁婚,遣发了情投意合的佳偶,毁掉的是他一生可遇不可求的幸福。"城上斜阳画角哀,沈园非复旧池台",诗中悲声连连,让人如何释怀?唐代诗人刘禹锡历经坎坷,"巴山蜀水凄凉地,二十三年弃置身。"大好年华虚掷于瘴气丛生的绝域,生还已属侥幸,柳宗元不是就没能熬过长期贬谪的磨难吗?梦得的遭际让人扼腕。不过最能引起我同情的还是他的一首题为《柳枝词》的小诗,诗里记录了一段催人泪下的爱情故事:"清江一曲柳千条,二十年前旧板桥。曾与美人桥上别,恨无消息到今朝。"青年男女间的情爱刻骨铭心,而这段凄美的恋情也因当事人被贬出京而遽遭解构,待到遇赦返京,期盼收拾重头,却已是日暮天晚、物是人非。稍晚于刘禹锡的杜牧也有不少描写生离死别的短歌,哀怨无比。"自是寻春去较迟,不须惆怅怨芳时。狂风落尽猩红色,落叶成荫子满枝。""蜡烛有心还惜别,替人垂泪到天明",庶几伤心欲绝、痛不欲生。不过杜牧风流倜傥、处处留情,用情多遗憾多,大不如刘禹锡显得珍稀。有鉴于此,他的事我就不说了吧。

　　叶落归根,归葬于祖先修筑的坟茔,死所的选择体现了我们这个民族的人之常情,客死他乡成为孤魂野鬼,这样的身后安排绝不是中国人心目中的选项!假如凄凉的遭遇中还融入了国家分裂、兄弟失和的因素,这遗憾谁说不会掀起巨大的波澜?"葬我于高山上兮,望我大陆,大陆不可见兮,惟有恸哭。葬我于高山上兮,望我家乡,家乡不可见兮,永不能忘。山苍苍,野茫茫。山之上,国之殇。"于右任的一首《望大陆》曾在海峡两边产生了巨大的回响,感人至深,因为它所表达的已不是一位年迈的游子有家难归的私憾,而是整个民族创巨痛深的集体感应。

　　死不瞑目,哀莫大于心死,人生再没有比这更大的遗憾了。曹操赤壁失利后望着雄踞江南、不愿臣服的碧眼儿孙权,留下"生子当如孙仲谋"的一声长叹。盖因其膝下虽有数子,大多是文弱的书生,书生当国,怎能长久?但世人也不可小瞧了阿瞒那两个儿子。曹子建,才高八斗,极有文名;曹丕,腹藏韬略,后来当上了皇帝,绝不是等闲之辈。所以我觉得比起曹孟德,后来名声极大的陶渊明真的"杯具"很多。陶渊明无国可传,又因不善经营,甚至没有像样的财产留给子孙,只指望诗书传家,让儿子们成为受人尊敬、能够自立的读书人。然而他那几个不肖的儿子,哪一个称得上可造之才?"得相能开国,生儿不像贤",据陶渊明诗里描述,他的一群儿子,馋、懒、贪、蠢,凡是俗人、庸人身上有的毛病都聚齐了。陶渊明喝酒多却并不糊涂,叹口气,死了心,从此日日沉醉更加不理生计,他身后儿子们何以为活,就只好悉听天命了。

　　月缺月圆、毁誉荣辱,对于封建时代的文人来说,这一切仿佛都是命运的安排,即使是学富五车的才人也只能听任摆布、劫数难逃。苏轼早慧、二十多岁便成进士,宫里传出仁宗皇帝稍加勘磨可当大任的御旨。闻听之后,苏轼便一心冲着那个"大任"而去。只可惜造化弄人,有宋一朝新旧党争,斗得死去活来,政坛风云变幻,苏轼成了一场场政治斗争的牺牲品,处境最好时离那"大任"也还是差上那么一步。大好时光,用他自己的话来说,大多用来奔波于去往谪所的道途:黄州、惠州与儋州,越贬越远,直到贬无可贬的海岛绝地。然而鬓发已摧、心愿尚存,一接到徽宗的赦命,立时买舟北上:"余生欲老海南村,帝遣巫咸招我魂。杳杳天低鹘没处,青山一发是中原。"虽然年逾花甲,依然惦念着君王驻跸的神京,未获"大任",总是心犹未甘。然而天不假年、老病缠身,行至阳羡,也就是今日的常州,终于不起,苏东坡最终未能圆上那个"大任"的梦。这么一个貌似通达的大文豪,逆来顺受,居然一辈子被头上的一顶乌纱牵着走,最后带着遗憾离开了这个作弄了他一辈子的人世,想起来真的是情何以堪。

老子的"自然"

老子的《道德经》讲通达,充满人生智慧,有人说《道德经》没读好,一生会像庸人一样,糊里糊涂地来、糊里糊涂地走。我也是忙活了大半辈子,终于有了闲空,翻起了《道德经》,开卷有益,惊叹其中一个"自然"就含着那么多学问,再一思量,真有点生年五十而知四十九年之非的感觉。

大家知道,现在是市场经济,利益驱动,功利意识扩张,凡事都要争,要人遇事时有一点顺其自然、自然而然的心态,听起来就觉得像是生活在世外,完全不合时宜。不过"自然"一词在老子那里,内涵异常丰富,要是能在接物处事中恰当运用,一定会有进退自如的超常体验。

一般认为庄子思想的核心可以用"自由"来概括,意在逍遥。不过庄子的逍遥建基于"无待",要求极高,这样的逍遥只属于至人、圣人、神人,与一般大众的生活不大搭边。而老子的思想比较亲民,所说道理较多普适性,他思想的核心就是自然,宠辱不惊,超然于得失,自然包含了自由,因为自然而获自由。对于大众来说,这样的自然容易践行,老子的意见获得了较大的响应,自然而然,简简单单,却不失为一条抵达自由的通途。品味老子自然的意涵,觉得这里的道理深刻而奥妙。率性自然,自然而然,顺势而为,不强求、不虚伪、不做假、实事求是,这些都是"自然"一词的题中应有之义,只要秉持诚心,践行起来,其实并不困难。孔子心仪从心所欲而不逾矩,听老子的话,行事自然，相信也一样能够到达自由的境界。

我觉得老子讲自然并非完全消极，无为之后还有无所不为，不过人的主观努力在他看来也应是自然而然的。古人说谋事在人，成事在天，这个天一般理解为客观环境，我考虑主观能力也应包括在环境这个因素中，例如在老子生活的时代就不能想象航空航天，科技水平客观反映了现实的主观能力，并规定了人类活动的范围。成事——实现某个既定的目标，应有主客观两个条件：人和天。主观努力、客观条件，缺一不可。环境有限制，不是想超越就能超越的，老子因此主张自然而然、顺势而为。不顾客观条件的限制，强不能为能，一定会受到自然规律的惩罚。20世纪中期，经过长期战乱的中国终于恢复了和平，国人急欲改变贫穷落后的面貌，建设热情高涨，但脱离实际搞大跃进，结果就走向了反面。就拿发展钢铁工业来说吧，原来基础很薄弱，产量不过几十万吨，一下子要搞一千万吨钢，只好全民总动员，土法上马，炼出来，凑足了数，但都是些铁渣，为了这些铁渣，毁了林子、荒了庄稼，就是得不偿失。我早年读过现代作家陈学昭的小说《工作着是美丽的》，书中那个男的看上了美貌的女主人公，用尽心计、拼命追求，硬是将生米煮成了熟饭，但结了婚又怎样，还不是志趣不合而反目，终于劳燕分飞。

自然还有合理的意思，要义是尚节制、忌放纵。道法自然，自然与道是一体的。老子肯定合理的天道，否定纵欲的人道。他认为损有余补不足的天之道是合理的、自然的；相反的，损不足补有余的人之道是不合理、不自然的。天地万物都在大道中运行，都有自己有余或不足的定位，有余者欲壑难填，有余之后还想要更大的有余，就必以不足者更大的不足为代价。老子认为如此运行的世道不仅会激化矛盾，也是不合于道和自然的。"祸兮福所倚，福兮祸所伏"，事物运行跨过了极值，就会向反面转化，纵欲、对不足者的肆意剥夺，一定会招致反抗，给施暴、作恶者带来不测的后果。《道德经》的这些观点包含了革命的思想,说老子态度消极大可存疑。在老子那里自然与节欲是同义的。老子承认人而有欲,对不足者的境遇也有深深的同情,肯定不足者对有余的企求是自然的、合乎情理的。人秉七情,去欲不能,但老子坚持所秉之欲应当控制在适度的范围,关键也是不强求,役物而不役于物,不让欲望牵着自己的鼻子走。欲望膨胀,索求愈多,人的心理负担也愈重,行动起来不免左顾右盼、进退失据。唐玄宗晚年为物所役,诛求日甚,终于酿成安史之乱,美人、江山尽付东流;北宋徽宗玩物丧志,亡国被拘,也成前车之辙。现代社会中被揭发出来的那些贪官污吏,大多是为权欲、为物欲、为色欲所误,泯灭了自然而然的一颗平常心。由此可见,绝圣弃智固然太过绝对,但在权力、财富面前麻木一点、迟钝一点,似乎也大有好处,老子"大巧若拙"、"大智若愚"说的大概就是这个意思。在好处面前、利益面前"傻"一点,"笨"一点,站位靠后一点,看来并不是件坏事。

　　老子倡导辩证的思想方法,我们也应按照辩证法看待老子的思想。人们常用消极来批评道家学说,鲁迅的《出关》还因此放逐了老子。不过,在我看来,无条件肯定积极,无条件否定消极各自都有片面性。儒家思想是知其不可为而为之,要争;老子崇尚无为,不争,和气一点、谦让一点,这样一来,也许本来的不可能反倒变得可能了。不争之争,应是人生极高的境界。清代高官张英家人造屋与邻里争地,房子建不成还与乡人伤了和气,张英致书命让,这一让,让出了一条与人方便、大家方便的通路。日常生活中争并不是处处都是合理的,并不是见猎心喜、每事必争就是对的。事事要出头,有利益的地方绝不缺席,这样的为人,能得到谁的认可?举个例子来说吧,单位年终考核,固定的几个优秀名额,是不是每年必争、次次都不能拉下呢?有时,知其不可为而为之,真的让你争到了,人品、风度方面严重失分,自己沾沾自喜,局外人看来却是得不偿失。

　　总起来看,自然中包含了老子思想的核心、值得认真体会的道。处世中的自然是一种格调,一种境界,行事自然,就如庖丁解牛,因利乘便,顺水推舟,有所为有所不为,治大国如同烹小鲜,反能获得举重若轻、进退自如的自由,这样的做人才是值得学习与仿效的。

关于杀头的事

"人固有一死,或轻于鸿毛,或重于泰山",太史公《报任安书》中的这一句大家耳熟能详。司马迁所说的"重于泰山"应与大义有关,其中多指死于非命的烈士,至于寿终正寝、老病而死,一般来说与"重于泰山"关系不大。一个人好好地活着,同类相残、招来杀身之祸,这样的结局确实太过惨烈。文天祥写下"人生自古谁无死,留取丹心照汗青"的绝命诗,引颈受戮。乡中前辈金圣叹因为哭庙被判杀头,临刑不改幽默的天性,说:"杀头,至痛也,灭族,至惨也。圣叹无意得此,呜呼哀哉,然而快哉!"一部二十四史,有不少杀头的记载,白起坑赵卒,项羽屠秦兵,动辄十万、几十万,实在骇人听闻。但与不载而死的数字相比,仍然是小巫见大巫,史册上见到的不过是千分之一、万分之一而已。英雄、烈士,慷慨赴死,留名青史,为大众所熟知,作者关注的是那些淹没在历史长河中冤死的亡灵。

王朝更替,总是伴随着一场血腥的杀戮,即使是所谓和平的禅代,也总能让人感觉到喜庆的鼓吹背后隐藏了一股杀气。除了反抗不获容忍、必要镇压之外,杀人也是新王朝用以示威的通行做法,杀戮因此更现残酷与血腥。扬州十日、嘉定三屠,何等的惨烈,倒在血泊之中的大多是无辜的平民百姓,他们的性命就如路边的野草,从未得到过统治者的顾惜。背着蛮夷之族、化外之民阴影入主中原的满族统治者,在对儒家教义极表顶礼的同时也更多了意识形态方面的忌讳,需要中原士人额外的臣服。于是,服式、发型也成了治罪的依据,留发不留头,留头不留发。生命宝贵,存留却只在毫发之间。反清的夏完淳被杀时还只是尚未成年的十七岁男孩。丢了家国的汉族士人生活在严重的恐怖统治之下,天天都在蹈险涉难,半夜从睡梦中惊醒,摸到项上的吃饭家伙还在,恐怕也当深自庆幸、默诵佛号、感谢天佑的吧?随着满族统治者的进一步汉化,其对汉文化中关于华夷之别界限的认识愈透彻,顾忌也愈多,维持其政权合法性的意志也愈加坚决,康、雍、乾三朝,文网高张,万马齐喑,在思想文化界一直维持着令人惊恐的高压态势。《南山集》的作者戴名世,已经改变立场选择了归顺,却因之前著作中的内容稍涉禁忌而被杀头问罪。

近代以来,随着列强的入侵,残害中国穷苦百姓的人中又多了携带杀人利器、穷凶极恶的域外恶徒的身影。南京城中针对平民的集体屠杀,华北平原上实施杀人放火的"三光政策"……国家、民族陷入了史无前例的浩劫,竟有人将这等灭绝人性的恶行称为"亲善",在这片"王道乐土"上挣扎、求生的同胞所经受的痛苦与磨难,岂是和平生活年代中的人们能够想象得到的?

平民百姓的被杀绝少见于史传,他们的生命从来没有得到应有的尊重,我因此特别看重唐人李华的《吊古战场文》。李华这个人历史上似乎没什么大的名气,但他的一篇《吊古战场文》,文情并茂,给他带来了极大的声誉。虽然20世纪批评英雄创造历史的声音不绝于耳,但不管你如何抱怨命运不公,大浪淘沙,能在浩瀚的史海中浮出水面的只能是各个时代的名人。以项羽为题的诗歌、文章连篇累牍,"一将功成万骨枯",又有谁记得当日跟随项羽慨然过江时麾下那生龙活虎的八千子弟?他们难道不是鲜活的生命?想那死者的亲属,虽然时时挂怀远征未还的亲人,却无力去中原寻找他们的踪迹,更无论将他们散落于荒野的骸骨带回故乡归葬。这样切肤的痛楚又有谁替他们声张、讨要过公道?也因此故,李华的这篇悼文引起了我深深的共鸣。面对那已经沉寂的战场,"尸踣巨港之岸,血满长城之

窟。无贵无贱,同为枯骨",战场狼藉,惨不忍睹,作者失语良久,慢慢缓过神来,便是一声令人泣下的长叹:

> 苍苍蒸民,谁无父母?提携捧负,畏其不寿。谁无兄弟?如足如手。谁无夫妇?如宾如友。生也何恩,杀之何咎?其存其没,家莫闻知。人或有言,将信将疑。悁悁心目,寤寐见之。布奠倾觞,哭望天涯。天地为愁,草木凄悲。

读李华的祭文,眼帘中仿佛出现了不计其数孤苦无告的未亡人的戚容。中国古代战争频仍,刀光剑影、腥风血雨,有多少生灵战死沙场?杜甫《兵车行》有"君不见,青海头,古来白骨无人收"的感喟,"边庭流血成海水,武王开边意未已",谁能撼动好大喜功的帝王开疆拓土的铁石心肠?李华的文章不只把屈死沙场的冤魂引入人们的视线,而且还给了庄严的凭吊,在彰显战死者家属无尽痛苦的同时,也传达了对他们的真诚抚慰。中国的老百姓向来只习惯于为帝王们建造巨大的陵墓,20世纪90年代,古都南京为抗战时日本人屠城死难的民众建起了纪念碑,那些屈死于民族浩劫的冤魂终于也能接受到一次次郑重的祭奠。想到手无寸铁的古都居民当时任人蹂躏、任人宰割的情景,总会浮起一股五味杂陈的愤懑。

杀头至痛,但历史上借滥杀以张淫威、牵连无辜的事,却比比皆是。明成祖杀方孝孺最是惨烈。古代刑罚诛九族已是极限,朱棣嫌其不能解恨,还要再加上八竿子打不着的一族,妻啼子号、扶老携幼,八九百人同时赴难,日月也当为之失色。但史书上杀人的事见得多了,就有了退一步想想的理性。朱棣要方氏写劝进表,方孝孺拒写,因此得罪,终于惹来杀身之祸,这里总归含着怨咎,算不得完全无缘无故。读《水浒》,才知道什么是飞来横祸,什么是杀一个人像踩死一只蚂蚁。农民起义原来的史书都是一片叫好,有压迫就有反抗,天理昭彰,但被压迫者使用暴力时有几分理性,有几分非理性,你可说得清楚?

林冲投奔梁山,进了朱贵的酒楼,选了个临湖的雅座,湖的对面便是心目中向往的安身之所,驾舟只需片刻便能亲临。要了酒,点了酒菜,吃喝起来,以为挣脱了囚笼,却差一点也成了下酒的小菜。这可不是戏言,倘若中间出一点细小的差错,就不知道后来聚义堂上的第四把交椅该由谁坐!且听朱贵的告白:但是孤单客人到此,无财帛的放他过去;有财帛的来到这里,轻则蒙汗药麻翻,重则顿时结果,将精肉片为靶子,肥肉煎油点灯。却才见兄长只顾问梁山泊路头,因此不敢下手。朱贵的话不啻让林冲听了咋舌,读者也会惊出一身冷汗。鲁智深在孟州十字坡更危险,已经着了菜园子张青老婆母夜叉孙二娘的道,被蒙汗药麻翻在地,正待割剥,张青回家,方才救下了这个武艺高强、一身义气的胖大和尚。无独有偶,武松路过此地,倘若没有江湖闯荡的经验,一定也会中招,被做成人肉包子饷客。滥杀无辜已然成了农民起义的一大特色。武冲本人突入张都监的府中,杀红了眼,见人就砍,全不分青红皂白。张都监、蒋门神死有余辜,但张家的十来个与武松全无恩仇纠葛的下人该到何处申冤?李逵一身匪气,杀人如麻。《水浒》第四十回劫江州法场描写李逵杀人的文字看着让人心惊胆战:先时,"一个虎形黑大汉,脱得赤条条的,两只手握两把板斧,大吼一声,却似半天起个霹雳,从半空中跳将下来。手起斧落,早砍翻了两个行刑的刽子,便望监斩官马前砍将来……"接着又写:"只见人丛中那个黑大汉,轮两把板斧,一味地砍将来。晁盖却不认得,只见他第一个出力,杀人最多……这黑大汉直杀到江边来,身上血溅满身,兀自在江边杀人。百姓撞着的,都被他翻筋斗,都砍下江里去。"梁山好汉标榜"替天行道"、扶贫济困,却也一样滥杀无辜。

农民军自相残杀的事史书上也都有记载。就拿林冲、晁盖火并王伦一出就已显得十分地血腥。我一直认为,封建时代的科举制度逼反王伦是最大的失策。想那王伦,本是个不及第、没有什么看家本事的白衣秀士。无德无才,王伦自己都是承认的。如果在乡里不受豪强的欺侮,本可以这样熬着,一轮一轮地去科场碰运气直至终老。因为受了凌辱,憋了鸟气,心一横,合着杜迁来梁山落草。他哪里知道,这一不忍,下了江湖,湿了身子,再没有退身步。一个白面书生,未曾试水,如何知道江湖的深浅?波诡云谲的梁山泊,岂是他王伦的安身之地?鸿雁几时到,江湖秋水多。江湖有江湖的规矩,"叵耐王伦那厮",不仅不会大碗喝酒、大块吃肉,最要命的是,他又是一个既聪明、又愚蠢,有几分自知、又有几分极不自知的主。明明知道自己杀人放火的事做不来,不配坐山寨老大的位子,偏还霸着那位子不肯让人,最后惹下杀身之祸。至于后来太平天国的内讧,更是一场令人震惊的血腥屠杀。太平军进了南京城,农民军的领袖纷纷住进了旧日的王侯府第,过起了锦衣玉食的日子,饱食生事,便要争名夺利,终于酿成手足相残的惨祸,一场内斗,竟有几万个曾经并肩作战的弟兄暴尸在天京街头。

　　现在再来说一说这载于史书的千分之一、万分之一的事——名人如何被杀。何良俊,明代人,志不得行便刻意著书,有《四友斋丛说》行世。其中卷三十"求志"一节,臧否人物凡二十余,这些人物的时间跨度上下几千年,作者的人物分析有不少独到的见解。因为指涉太多,本文无法一一胪陈,仅以何氏所说名人之死言之。

　　《丛说》分析了孔北海、嵇叔夜、谢康乐之死,其中心观点是说这三个人的死"皆有关于天下大义",势在必死,而非只是所谓语言轻肆、举动狂佚。我觉得和平时期的杀人与战场拼杀不同,战争动乱,覆巢之下岂有完卵,平日杀人的原因则确应从两个方面——杀的一方与被杀的一方同时寻找。何氏认为"谋人之国,必先诛锄异己",是对的,顺我者生,逆我者亡,杀人以立威,这是篡夺者杀人的原因。但曹操、司马昭、刘裕既然以篡国为目的,那也属于"以天下为己任",破坏中含着建设,不是使性任气、见谁杀谁的嗜血屠夫。杀人得有一定的理由。《丛说》批评杀人者罗织罪名时状如童稚戏言,虽然不无道理,但它毕竟使杀人有了理据。就拿文章中提到的阮籍与陶渊明来说吧,阮、陶与当政者不合是事实,他们能苟全性命于乱世,盖因不臧否人物、评点时政之故,何良俊认为就是一味地喝酒、装糊涂。阮、陶不谈国是,自去锋芒,司马昭与刘裕就乐得保全、以收令名。这一点鲁迅文章评点魏晋风物时也是认可的。何良俊说曹操、司马昭、刘裕皆世之英雄,方举大事,当录用名士,以收人心,岂肯杀一豪杰,而自取天下疵类耶?这样看来,当事人"语言轻肆、举动狂佚"就有点招惹人的嫌疑,收敛些、藏藏拙,很可能像阮、陶那样被放过一马。所以何氏认为孔、嵇、谢之被杀是一方有杀的动机,一方不懂得韬晦、口无遮拦,给被杀提供了话柄,这样也就势在必死了。何氏文中提到的孔融是史书中形象生动的人物,有人说他"小时了了,大未必佳",一语成谶,孔融果然未得善终。何氏认为孔文举名声大、威胁大,时有言语冲撞,促使曹操痛下杀手。而对于祢衡这样名气不大的狂生,因为有辱清誉,曹操宁可表现宽容让别人去杀。这样的解释虽然不无道理,但杀孔融,牵连上他未谙世事的两个孩子,还能保得了那个清誉吗?何氏感叹曹操"卖履分香"、英雄气短,显见也并不认可曹操的为人。

  杀人是极刑,说到底就是处死。然而这极刑也还大有花样可玩,差别就在残忍的程度上,这就全看主事者的心情了。杀头最常见,古书中称为"身首异处"。一刀下去,血花四溅,算是痛快引决。和缓一点,有赐死,让当事人自尽。这里也有刑罚的轻重之分,赐剑,虽不会身首异处,但也必得要见血,相传伍子胥就是因为直谏被吴王赐剑自尽的,忠而遭谤、信而见疑,伍子胥死得好冤,后人专门为他编了戏,一直传唱至今。赐药、赐一块白布,不仅能够全尸,与自戕比,还有下得去手、不会留下血肉模糊尸身的好处。嘉庆帝抄家得了和绅一大笔家财,大约心头之恨化解了不少,处死时便给了一条白绫,以示恩典。狠毒一点,有腰斩,秦二世、赵高处死李斯用的就是此刑。"吾欲与若复牵黄犬,俱出上蔡东门逐狡兔,岂可得乎?"这是李斯临终前与同刑的儿子说的话,史书里有记载,含着愧悔、含着沉痛。据说腰斩不能速死,有人被砍后上半身还有意识,蘸血写下"惨"字,令冷血的帝王也觉不忍,雍正朝便废了这一刑。废了腰斩但还有比它更残酷的刑罚,叫凌迟,一块块地割,真的是让人不得好死。领军在辽东前线抗击清军的袁崇焕就是被刻薄变态的崇祯帝用此恶法处死的。除了上面几种杀人的方法外,还有烹、还有炸、还有炮烙、还有五马分尸,花样繁多,大约心一狠,什么方法都能想得出,什么方法都能用得上,而且一件比一件残忍。

  杀错了人,承认冤枉,给予平反的事,史书上也有不少记载。岳飞是秦桧死后不久便被平反的,下令平反的正是之前下令处死他的宋高宗赵构;袁崇焕服务的明朝很快败亡,平反他的竟是宿敌——曾与他数年交战的清王朝颁的令。但是人头一落下,一切都已经结束,申冤、昭雪,对于屈死者来说,再怎么也换不来一条命了。这么说来,现在限制死刑、死刑改用注射,感觉确实比以前人道了很多。

自 挽 联

之前读书，知道古人有为自己写墓志的雅好，人之将死，其言亦善，墓志里有人生经验，颇值得一读。生活在东晋的陶渊明写墓志最用心，而且乐此不疲，写了改，改了写，一稿又一稿，好有闲情逸趣。因为用力多，不少墓志成了被人传颂的美文。近读古今名联，发现其中有好多自挽联。自挽联侧重为作者生平画像，但与墓志一样，都属于当事人的临终留言，品味之后，也有不少收获。

孙髯，清人，写昆明大观楼五百字长联的那位，虽然文名远播，但科名不显，临终心有戚戚，其自挽联也明显含着怨气："这回来得忙，名心利心，毕竟糊涂到底；此番去甚好，诗债酒债，何曾亏负着谁。"孙髯未获科名，终其一生穷困潦倒，死生在他眼里似乎无所谓重、无所谓轻，凡人必有的名心利心，在他看来都是糊涂心，把人生看得十分透彻；"来得忙"，大约也可以理解为来得不凑巧、来得不是时候，含着白活的意思。有了对来得匆忙的这番认识，那去的意含就不是什么"死生亦大"了，便有"此番去甚好"的调侃，心情不恶，游戏一下亦无伤大雅。大观楼长联我不太看重，觉得只要多下点功夫、熬熬夜就能凑得成，而这副自挽联，真情表露，幽默异常，读了特别能让那些活得太过认真、将名心利心看得太重的人多一点清醒的意识。

毕沅，苏州老乡，清代位极人臣的大官，年轻时曾在我的老家灵岩山师从大学者沈德潜苦读，读书成名，死后就将这里作为葬地。毕沅长期担任清朝的封疆大吏，得到乾隆、嘉庆两朝皇帝的赏识。他又是学问的大家，人称其经史、小学、金石、地理之学，无所不通，续司马光书，成《续资治通鉴》，又有《传经表》、《经典辨正》、《灵岩山人诗文集》等著作传世。他的自挽联是这样的："读书经世即真儒，遑问他一席名山，千秋竹简；学佛成仙皆幻相，终输我五湖明月，万树梅花。"此联给人的印象是口气大，出于官位高、经历多、见识广的毕沅，似在情理之中。因为挽联中有家乡风物，像我这样熟悉里中山水的人，更能读懂此联中作者的自持与自满。毕沅也毫不掩饰功成名就、享受人生、安富尊荣的得意。上联因涉事功故有骄矜，联主系乾嘉名臣，身膺疆寄，宦游四方，公务之暇，不忘著书，这么多的事迹，可不是一般人能够企及的，相信后人也不会有什么异议。不过下联讲死后有奇美的风光相伴、死得其所，得意忘形，倒让我替这位乡中前辈捏着一把汗，感觉那口气太张扬了，担心会引起有心人的嫉妒，给沉睡于墓穴中的死者带来不测的后果。

　　写挽联因是直面死亡，少了畏惧心，多了豪迈心。即使是一生养气，低调做人，至此也可以一吐肝膈，放心宣泄。在志士仁人笔下，这自挽联更成了其襟抱心迹的告白。20世纪30年代陈独秀被国民党拘捕，自分必死，因作自挽联："行无愧怍心常坦，身处艰难气若虹。"陈氏一生敢作敢当，联中形容合于陈平时的为人，确是其个性气质的真实肖像。挽联特别表现了身陷囹圄的他坦然生死的决心，虽然是虎落平阳，"五四"新文化运动领军人物宁折不弯的气节依旧光彩照人。反观清末行刺未成被捕入狱后赋绝命诗："慷慨歌燕市，从容作楚囚。引刀成一块，不负好头颅"深自策励且受人敬仰的汪精卫，抗战军兴，在四万万同胞同仇敌忾誓与侵略者血战到底的关键时刻，居然自甘堕落，出卖灵魂，做起了汉奸，一生行事首鼠两端，只配钉在历史的耻辱柱上。

　　自叙一生怀抱，是挽联的常态。如王夫之的挽联："抱刘越石之孤愤而命无从至，希张横渠之正学而力不能企。"西晋末年的刘琨，能为清言玄谈、文名响亮，又统领大军守土卫边，有勇有谋，周旋于当时各派政治势力之间，确实是西晋政治舞台上的杰出人物。可惜晋武帝之后，西晋政坛走马灯似地换人，宗室八王杀红了眼，内斗不休，政治黑暗，英雄无用武之地，刘琨壮志未酬，竟死于非命。张横渠，张载，理学大师，才高博洽，被誉为当世通儒。其抱负"为天地立心，为生民立命，为往圣继绝学，为万世开太平"，高自标持，惊天地、泣鬼神，千载而下，依然受人敬重。将历史上一武一文两位伟人树为楷模，立言之外还想立功，足见王夫之的不俗抱负。如此说来，后人简单地将其归属士林，算不得知人。争奈时运不济，生活在明清世代交替的乱世，缺失了尽情展现其才华的舞台，王夫之只能郁郁而终。相比之下，远离政治旋涡，手不释卷、拼命写书的俞樾（曾国藩语），临终回顾生平，心态就显得十分平和，自挽联写得朴实无华："生无补乎时死无关乎数辛辛苦苦著二百五十余卷书流播四方是亦足矣，仰不愧于天俯不怍于人浩浩荡荡数半生三十多年事放怀一笑吾其归乎。"回首等身著作，可以含笑而去，不失为学者本色。同是曾国藩的弟子，李鸿章一生拼命做官、在晚清汹涌的政治旋涡中跌打滚爬，忙不迭地替清王朝到处救火，收拾残局。弱国办外交，难免进退失据，生前毁誉交织，临死忧愤不已，怎能有俞曲园的平静与从容？"老子婆娑看儿曹整顿乾坤当代重逢王海日，吾皇神武安天下扫除纷乱家祭无忘陆放翁。"生前戮力王事，自以为忠臣，却备受清流讥讪，临死亦有不甘，读他的这副自挽联应能略知这位晚清重臣心中的隐痛。生活于同时代的梁启超与李鸿章政见不同，却颇能体谅李之苦衷，并为之抱屈，他写道："若夫吾人积愤于国耻，痛恨于和议，而以怨毒集于李之一身，其事固非无因。然苟易地以思……使以论者处李鸿章之地位，则其所措置能有以优胜于李乎！毋亦旁观笑骂派之徒快其舌而已。"梁还有挽联致送，题为："太息斯人去，萧条徐泗空，莽莽长淮，起陆龙蛇安在耶；回首山河非，只有夕阳好，哀哀浩劫，归辽神鹤竟何之。"在忧虑当下时局的同时也对死者表达了应有的敬意。

虽然说死生亦大,至此都可放下,但自挽联写于人生的终点,即使是一生作恶,善心、良心瞬间浮现,检点平生,也能让人从自挽联中读到作者抱憾、愧悔的表示。联系当事人的生活经历,往往能给读者带来不少启示。"帝道真如如今都成过去事,医民救国继起自有后来人。"这是民国名人杨度的自挽联。杨度是臭名远扬的"筹安会"六君子之一,当年积极参与了袁世凯称帝的"劝进"闹剧,袁氏逆历史潮流而动、以帝制自为,成国人公敌。袁氏败后,杨度大约也在舆论的一片责难中有了艰难的自省,不过这样的自挽联,能算作者已经有了彻悟吗?

别人写自挽联写得那么成功,不免见猎心喜,自撰一联为自己送送行,亦好免除无人追挽而有的失落与寂寞。联语为:

集中诗千首恨无;樽前酒一杯幸有。

为文造情,这样胡凑肯定不行,愿方家读后有以教我。

欧文洞幽

欧阳修的文章虽然不像韩、柳那样回环往复、议论锋发,其实并不缺少思想的深度,针砭时弊时,往往一改平日从容可亲的面目、锋芒毕露,颇能显示作者坦荡的人格与正气凛然的禀性。

肆言无忌

我原以为只有嵇康才是心无城府、说话不知轻重的莽夫,写绝交信,一封又一封,恶声恶气。后来看《唐宋八大家文抄》,发现欧阳修与性易冲动的嵇康相比,有过之而无不及,说话直截了当,指着和尚骂贼秃,半点策略的考量也没有,祸从口出,良有以也。

在上奏朝廷的《论贾昌朝除枢密使札子》中直言贾昌朝非良善之辈,要仁宗皇帝收回任命贾为枢密使的成命。奏文对贾的描述全是负面的,说他禀性回邪、执心倾险、文饰奸言、好为阴谋、陷害良士,前在相位,累害善人。笔可诛心,在欧氏的笔下,贾昌朝恶行累累,面目可憎,十恶不赦。欧阳修的奏折大约并非直达帝听的专折,贾氏位居中枢,朝中耳目甚多,信的内容肯定能被贾氏侦知。欧阳修只图嘴上痛快,不怕被人穿了小鞋?我史书读得少,欧阳修检举贾昌朝,结果如何,尚待查考。

骂贾昌朝是通过给皇帝的信,算是间接的。给高司谏的信就是直接将战书送上了门,欧阳修肆言无忌,真是胆大。"足下非君子也",非君子是什么属类,大家都清楚。司谏是朝廷命官,衣冠楚楚地立于朝堂、专门纠弹百官，竟被人当众抹黑、斥为小人，不予反击，还能出入庙堂吗？结果大家都知道，欧阳修被贬夷陵。被贬夷陵的欧阳修却因此信而受人钦敬。还有就是诗穷后工，诗人不幸、笔下的诗作却大放光芒："春风疑不到天涯，二月山城未见花。残雪压枝犹有菊，冻雷惊笋欲抽芽。夜梦啼雁生乡思，病入新年感物华。曾是洛阳花下客，野芳虽迟不须嗟。"写于夷陵的一首《戏答元珍》是宋诗中的名篇，人见人爱。欧阳修自己也有点得意，《黄溪夜泊》中有"行是江山且吟咏，不因迁谪岂能来"的感喟，言语中绝无半点悔意。

宁讪无谄

苏辙说欧阳修的文章"雍容俯仰，不大声色"，在苏辙眼里，欧阳修仿佛是个谁也不愿得罪的好好先生。我觉得此话说得不全面。前面说到的《论贾昌朝除枢密使札子》《与高司谏书》可谓声色俱厉，锋芒毕露，论口气之尖刻，当年嵇康给山巨源写绝交书也不过如此。明代散文家茅坤说欧氏的《释秘演诗集序》"多慷慨呜咽之旨，览之如闻击筑者"，应是至评，文章大家欧阳修也是个血性的男子。读他的《非非堂记》，里面充满了正气凛然的刚直之声。该文的要旨，欧阳修一言以蔽之，曰：宁讪无谄。好个宁讪无谄，一下子将当事人的铮铮骨气突现了出来。

讪音 Shàn，谄音 chǎn，宁讪无谄，字音连绵，读起来很上口。但意思却正相反对。讪是存异、批评；谄则是附和、赞同。凡人都乐意听顺己、附己的好话，说好话让人听着顺耳，还可以收获面谀的好处。立足社会，人人都在说好话，天天与人打交道，不说好话仿佛非我属类，不落个寸步难行、孤家寡人的下场才怪呢？天长日久、耳濡目染，一代传一代，今天天气哈哈哈，不学也会。说话不看人家脸色，率性而发，处处跟人拧着劲，使人不痛快，自己的日子岂能好过？大家都不会忘记战国时的屈原,此君面折廷争,遇到一个世人皆醉我独醒的社会环境,遇到一个昏庸无能的楚怀王,忠而遭谤,信而见疑,最后只能沉江。

讪还是谄,两种选择,利弊得失,取决于做人的立场。欧阳修决绝地认为"是是近乎谄,非非近乎讪,不幸而过,宁讪无谄"。宁讪无谄,我行我素,这就是做人的标格,也是欧阳修对低俗世情最有力的批判。一个有责任心的人、一个正直的人,怎能失了对现实批判的立场、沦落为只知道跟在别人后头喝彩叫好的马屁虫?

读欧阳修的《非非堂记》,如闻击筑,胸宇间正气升腾,像是受了一次关于如何做人的启蒙。

言不可恃

"文章乃经国之大业,不朽之盛事。""刚柔交错,天文也;文明以止,人文也。观乎天文,以察时变;观乎人文,以化成天下。"多少年来,读书人信从"三不朽"之说,致力于"立言"而求不朽。韩愈称:"用则施诸人,舍则传诸其徒,垂诸文而为后世法。"也以立言垂范后世自勉。今天的文化人著书连篇累牍,不到"等身"不能罢手,真可谓不遗余力,然而如此信从儒家家法,真能不朽吗?宋人欧阳修写《送徐无党南归序》,独持异议,认为"言之不可恃",好似当头给人泼了一瓢冷水。

班固《艺文志》、唐四库书目条列了许多著书之士,这些人勤于著书,"多者至百余篇、少者犹三四十篇",到了去唐不远的宋代,"散亡磨灭,百不一二存"。欧阳修感叹道:"文章丽矣,言语工矣,无异草木荣华之飘风,鸟兽好音之过耳也。方其用心与力之劳,亦何异众人之汲汲营营?而忽焉以死者,虽有迟有速,而卒与三者同归于泯灭。"他因此认为那些"勤一世以尽心于文字间者",应该认真思考自己工作的意义与价值，立言不朽，实际是"有能有不能"，真想不朽，欧阳修认为应当开拓视野、别寻门路。譬如学颜回修身养性，少言语、多自省。颜回居陋巷，曲肱饥卧，公众场合，默然终日恍如愚人，却不掩其内美，被推尊为孔子弟子之首，后人高山仰止。

"言不可恃"，乍看像是标新立异，细想则确有道理，且已得到不少有识之士的响应。说过"文章千古事"的杜甫，也有"文章一小伎，于道未为尊"的警示。稍晚于欧阳修的黄庭坚批评时人写作同于"玩世"，所求不过"以文物为工"，考其所言，不过是随时都会归于寂灭的寒蝉、候虫的发声（《胡宗元诗集序》）。郑板桥也是古代的智者，他在给兄弟郑墨的书信里对欧阳修的观点极表赞同，说："自汉以来，求书著书，汲汲每若不可及。魏、晋而下，迄于唐、宋，著书者数千百家。其间风云月露之辞，悖理伤道之作，不可胜数，常恨不得始皇而烧之。而抑又不然，此等书不必始皇烧，彼将自烧也。"不待人烧，彼将自烧，板桥真是快人快语，其中道理著书者自应深长思之。辛辛苦苦写书，如果只是制造文化垃圾，于人何益？这类书人人得而烧之，指望据以不朽，不啻是水中捞月。

欧阳修的言不可恃并非全称判断，也就是说他同杜甫一样，主张区别对待，承认有可恃之言。可恃之言有些什么特质，我想这也是大家所关心的，欧阳修没说，读者可以展开合理的想象。言有物、言有据、言有情，我想是基本条件。黄遵宪讲我手写我口，情动于中而形于言，笔下写的应是心里想的；梁启超说笔下要带真实情感；胡适强调证据。前人的这些说法都值得著书人认真考量，付诸实践，或能给文字传世带来一线希望。

以前对欧阳修的文章关注得少，现在才与《送徐无党南归序》相遇，恨自己读欧太晚。早点读，就能多一点自觉，也许对字数、篇数、部头就会有更多的超脱，早一点明白活着还有许多有意义的事可以做，即使情系翰墨，也应当率性而发、笔墨应心，不因奢望不朽而留下谐世、媚俗、乡愿的文字垃圾。现在只能将欧阳修的话转达给年轻的朋友，盼他们能早一点觉悟，不会有我此刻无从补救的愧悔。

史识与正气

史识与正气，也是欧阳修文章给人印象深刻之处。

欧阳修参与编撰正史，对历史盛衰之理彰明较著，《五代史·伶官传序》便是一篇极有名的史论文章，文章精短，意蕴深刻。其中"忧劳可以兴国，逸豫可以亡身"一联，常为人称道，不劳笔者赘述。而文章结尾处"祸患常积于忽微，智勇多困于所溺"也非常值得人们深思。唐玄宗本来应该是一代明主，是他将唐代的繁荣推向了极致，但是他晚年溺于女色、溺于享乐，终于酿成祸乱，唐王朝也由此一蹶不振。至于祸患常积于忽微，除了史家的洞鉴外，欧阳修还有现实的感受。《送王圣纪赴扶风主簿序》写干旱雨涝本属常见，地方当局理应据实上报、争取赈恤，然而计及利害，地方官员往往隐匿灾情，灾民啼饥号寒，地方官照旧征税纳粮、照旧作威作福，如此倒行逆施，必将激成民变，"忽微"之病终会酿成天大的祸患，那时真不知如何收场？

欧阳修晚号"六一居士"，生活悠闲、追求平淡，仿佛与世无争，其实不然。骨子里他可是位正气凛然的君子，即使是退休闲居，我想倘有不平，他一定还会挺身而出的。读他的《论贾昌朝除枢密使札子》《与高司谏书》，任侠仗义、疾恶如仇的性格一目了然。欧阳修与贾、高并无个人恩怨，写信实出于义愤。担任谏官的高某在范仲淹受排挤、遭黜落时不仅不为其辩诬，还附和宵小们的攻讦。拍案而起的欧阳修致信直斥高的不义。君子绝交不出恶声，敬而远之可矣，《论贾昌朝除枢密使札子》《与高司谏书》更像出自江湖豪侠的手笔。写信时凭的只是一腔正气，写信骂人要受责罚，欧阳修大约也早就有了甘愿承受的心理准备。

　　文如其人，仁义之人，其言蔼如，我觉得在欧阳修身上文章与他的为人确实是可以互相参证的，并由此感觉，人格崇高，大约也是文章能够传世的条件吧。

太守为何而乐

山水之乐娱于目而会于心,让人感发兴起、流连忘返。欧阳修写《醉翁亭记》,自称醉翁,"醉翁之意不在酒,在乎山水之间"。山水风光给人带来无限的快乐,"得之心而寓于酒",又经酒的发酵、提纯,酿成一篇千古不朽的名文,作者很得意,因而有"太守之乐人其不知"的自矜。千百年来,人们诵读、感慨,都说这是篇优秀的古文,不过要问太守所乐为何,山水之乐乐的什么,我猜想能给太守千年之问交一满意答案的人,大约仍然不多。

其实欧阳修有关琅琊山景色的描述已经提供了求解太守之乐的线索。蔚然深秀的林壑,宛如一座巨大的绿色画屏,被贬遐方、满怀委屈、备受折磨的心灵在自然景物令人惊艳的呈现中复归于宁静。流泉汩汩、溪声玎珰,清澈的山水就在游人的身边缠绕着、流淌着,与人相亲相近,作者仿佛得了一回精神的洗涤,卸下了沉重的孤独感、寂寞感;峰回路转,曲径通幽,将人引向自然的深处,隔绝了扰攘的尘世,游历其间像是进入了一片神秘的天地,山行也因此有了探险的意味;亭檐四张,翼然如飞,赋予一座凝固的建筑飞动的神韵,与周边同样生气盎然的山水发生和谐的律动,让人精神勃发、跃跃欲试。毋庸置疑,太守的山水之乐乐的是自然之美。陶弘景说:"山川之美,古来共谈。高峰入云,清流见底。两岸石壁,五色交辉。青林翠竹,四时俱备。晓雾将歇,猿鸟乱鸣;日夕欲颓,沉鳞竞跃。实是欲界之仙都。"(陶弘景《答谢中书书》)陶氏将其在信里对自然景色所作描摹升华为"欲界之仙都"的概括,彰显了山水诱人的品格,山水风景蕴含如此巨大的魔力,能不让人为之神旺?难怪袁宏道听闻自己被派江南会疯狂,急急忙忙向亲朋们报告自己即将成为五湖的主人、洞庭岛山的家长,此后便可日夕倘佯于这片神奇的山川美景之中。

陶弘景此信除了称赞山水之美悦人心目外,还有一点也值得我们注意,那就是认为必得要有能够欣赏山水之美的人,才能真正领略自然的妙处。在他的心目中,晋代山水派诗人谢灵运是最懂得自然之美的人物,因称:自康乐以来,未复有能与其奇者。谢灵运长年倘佯于山水自然之间,深通自然美在何处及如何欣赏的奥秘,并将其心得巧妙地融入诗歌创作,"涧委水屡迷,林迴岩逾密。眷西谓初月,顾东疑落日。践夕奄昏曙,蔽翳皆周悉。"诗人对山水风光的描写,确实体现了其观察的精细与审美的深度。欧阳修《醉翁亭记》将琅琊山的风光作诗一般的展现,异曲同工,太守也属于谢灵运一类能够领略自然之美的人物,自然景物,娱于目而会于心,其乐融融。

然而仅说太守之乐乐的是自然之美,仍是一个浅表的回答。从《醉翁亭记》的行文中,我们发现太守对自然景色的奇妙变化也有很好的把握,虽然这种变化无法在太守亲历的那个瞬间一齐展开,但依靠合理的想象,仍然是人能够感觉得到、并非虚幻的"实"感。欧阳修游琅琊当在春夏的某天,作者不仅在想象中复原了山间的朝暮晦明之变,晓岚朝雾、夕烟晚霞,杏花雨、杨柳风,这些不断变换的自然景物都让人有不同的审美感受。至如"野芳发而幽香、佳木秀而繁阴、风霜高洁、水落石出"的四时风光,变幻无穷,更让人目迷五色。景色是动态的、变化的,古人因有"如行山阴道上"的说法。"从山阴道上行,山川自相映发,使人目不暇接。秋冬之际,尤难为怀!""千岩竞秀,万壑争流,草木朦胧其上,若云兴霞蔚。"走上神奇的山阴道,步移景换,像是在享受自然奉献的一道繁复的视觉盛宴,而季节的转换,又让繁复之后有更值得期待的繁复。《醉翁亭记》讲四时之景不同,王献之"秋冬之际,尤难为怀",也是一种特别的提示,秋冬之际、春夏之际、冬春之际、夏秋之际,季节交替的那个瞬间,亦各有让人怦然心动的美景。而这里的"尤难为怀"最能发人遐思,内涵大约也同繁复的景色一样,只需意会,无法深究,语言在这里是苍白的、乏力的。

　　山水有江湖的自由,说太守的山水之乐中包含了超然物外的欣悦,我想也应是太守所乐为何的正解。太守设席山野,宴酣之乐,非丝非竹,射者中,弈者胜,觥筹交错,坐起喧哗,无尊无卑,一座俱欢。这是同立于庙堂、在朝为官,进退出处都须循规蹈矩,且须看人脸色完全不一样的经历。谁不知道伴君如伴虎、朝云暮雨、旦夕祸福,要是遇着像明太祖这样极能猜疑的君主,更是人人自危,缺失了起码的安全感。欧阳修谪守滁州,离开了当时的政治中心,对于一个极想有为的孔门儒生来说确属不幸,但远离是非,徜徉山水,自由自在、无拘无束,也会有别样的欣悦。太守心情一舒畅,就有了更多欣赏自然美的从容。面对自然景物的审美呈现及与众多宾客的逗乐嬉戏,欧阳修进一步拉大了与带给他困扰的现实的距离,拥有了更多超越的感受。写《醉翁亭记》的欧阳修,因赞同改革遭到朝中保守派的忌恨,最终被逐出京城,心情本来不佳,自然与人相亲,深秀的林壑、幽深的山景、澄澈的泉水带给游客的是一种深惬其心的慰抚。"绿杨白鹭俱自得,近水远山皆有情","笠泽鲈肥人脍玉,洞庭柑熟客分金",如果说欧阳修是以散文状写其对山水的感受的话,那么与他有着同样遭遇的好友苏舜卿则用优美的辞章来表达对秀美景色的感恩。削去官职后的苏舜卿在苏州起屋造园,将沧浪亭打造成割断尘俗牵连、专门疗治精神创痛的福地。欧阳修是宋代的才人,与古代的智者灵犀相通,遥想魏晋之间的嵇康,讨厌宦海沉浮、吏道缚人,决意隐逸,逾思长林而志在丰草,游山泽,观鱼鸟,向往的是山林弋钓的野趣和率性随意的乡居,深知"一行作吏,此事便废"。王羲之与同好修禊兰亭,时逢春日,天朗气清,惠风和畅,仰观宇宙之大,俯察品类之盛,游目骋怀,极视听之娱,作者的欢乐,不也是当事人被眼前的景色吸引、感受到了浴于春风的自由?生活在动辄得咎的专制时代,这样愉快的游历十分难得。苏东坡贬困黄州,才有了赤壁泛舟的浪漫之举,与山间明月、江上清风为伴,从天地之大、自然永恒与生命短暂、个人渺小的感悟中轻松地放下了心里的重负。浪迹山野、率性作乐,其中畅快岂是斤斤于得失、荣辱、毁誉的世俗中人所能理解的?正如唐代王绩《答刺史杜之松书》所说:

> 意疏体放,性有由然……渊明对酒,非复礼义能拘。叔夜携琴,惟以烟霞自适。登山临水,逸矣忘归……帷天席地,友月交风……欲令复整理簪屦,修束精神,揖让邦君之门,低昂刺史之坐,远谈糟粕,近弃醇醪,必不能矣。

细想起来,山水之美,不仅有繁复的变化,而且还有格调的区别。野芳发而幽香、佳木秀而繁阴,是秀美,风霜高洁、水落石出则是肃杀,肃杀之景引起太守的注意,又是什么原因?"摇落深知宋玉悲",自然的凋零让人陡增人生短暂、好景不长的悲凉。事实上自然景物也不是一概的悦目。浊浪排空,山岳潜影,满目萧然,这是惊恐(范仲淹);竹树环合,寂寥无人,凄神寒骨,这是凄凉(柳宗元)。穷山恶水、寒烟哀草,让迁客骚人触景生情,忧谗畏讥、伤感不已。柳宗元自小便有澄清天下之志,却因政争被贬绝域,之前所谓的友好纷纷落井以下石,世态炎凉刻骨铭心。登临永州西山小石潭,过清之景刺痛了逐客的神经,柳宗元赶紧弃之而去。我想凄凉之景之能纳入欧阳修自然审美的视域,是因它提供了某种人生的启示,起伏、荣辱、毁誉,都是人生可能的经历,高潮之后有低潮,顺景之后有逆境,看开、想通、放下之后,不也会出现一片心灵的晴空?同样地,对于自然来说,繁盛与凋零都是暂时的,自然本身无始无终,是永恒的存在。与自然相比,生命短暂,人不过是世界的过客,别样的自然,却一样能给人超越性的感受。

此外，秀美之外的壮美，还可以促人感发兴起。袁枚描写天台石梁瀑布："水来自华顶，平叠四层，到此会合，如万马结队，穿梁狂奔。凡水被石挠必怒，怒必叫号，以崩落千尺之势，为群礌砢所挡，自然拗怒郁勃，喧声雷震，人相对不闻言语。"郦道元描写三峡："七百里中两岸连山，略无阙处。重岩叠嶂，隐天蔽日，自非亭午夜分，不见曦月。""晴初霜月，林寒涧肃，常有高猿长啸，属引凄异，空谷传响，哀转久绝。"自然界展示出无穷的力量，引发时不我待、欲有所为的豪情壮志。太守的文章虽然没有涉及，但这也应是山水之乐的重要构成。

山水感受也大大提升了酿造美文的概率。诗人墨客，"流连万象之际，沈吟视听之区"，"登山则情满于山，观海则意溢于海"，感物连类，将山水之乐运于笔下，这便是刘勰所谓"山林皋壤，实文思之奥府"，文章须得江山之助的意思吧。谢灵运的山水诗，苏东坡的《赤壁赋》、袁宏道的山水小品，都是表达山水之乐的极品文章。写到这里，我很自然地想起了苏东坡的一句名言："江山风月本无常主，闲者便是主人"（《东坡志林·亭堂》），因愿世人多多亲近自然，不要轻易遗忘了居室外美的存在。

王安石四文读感

提起王安石，大家都不陌生，他的学问文章颇受时人称誉，入列唐宋八大家；他又是政治家，身为宰相，在中国中世纪发动了一场轰轰烈烈的政治改革，引起广泛的争议。斯人已逝，说好说坏，都已成为历史。但不管怎么说，一个人有如此丰富的经历，在历史上产生这么重大的影响，身上总有一些超越常人的品格与禀赋。和许多人一样，我对此也有很大兴趣，不过限于学识，难有系统的交代，只能将自己读过王安石几篇文章后的体会整理出来，或许能够从一个侧面映现王氏不俗的人格与见识

《三圣人》：行事应当执两从中

《三圣人》短小精悍，告诉读者前车之辙何以成为后车之鉴，人类认识的进步是如何一步步实现的，小文章说出大道理。不仅如此，短文还教会我处理疑难问题的正确方法：执两从中、避免极端。

《三圣人》实际是王安石《孟子·万章》的读感。王安石讲伊尹根据自己的处世经验认准了一个道理：治也进，乱也进；昏君也仕，明君也仕——"天下无不可事之君，无不可使之民"，只要有事做、给事做，就不要退缩、避嫌，一定去做。用他的话来说，就是"慨然以天下自任"。伊尹很幸运，遭逢的是有道的圣君商汤，君臣相得，合力成就了中国远古时代一段辉煌的霸业。王安石显然不认可这种观点，提醒人们，伊尹之能说出"天下无不可事之君"的话，是因有明主在

位。后人不懂机变,以为世事真如伊尹说的那么简单,昏君主政,照样出来谋事,"多进而寡退、苟得而害义",帮着无道昏君干坏事,这就成了助纣为虐、彻底偏离了正道。凡事一旦向极端处倾移,社会纠偏的机制就会发生作用,伯夷的出现可说是正当其时。如果说在伊尹身上体现了欲有所为的执着,那么伯夷则用自己的行动告诉人们,有所不为也是某些特定场合的合理选择。

伯夷信奉"治则进,乱则退;非其君不事,非其民不使",讲究臣节、注重操守。纣王当政的时候,政治黑暗、天下躁动,他居于北海之滨,袖手一旁,冷静观察,说是要等河清海晏、天下大定,再出来做事。但他对周武王起兵反商却不表认同,认为那是犯上、是弑君。武王夺取政权后,他更避居山林,不食周粟、清贫自守,最后冻馁而死。伯夷的首阳之隐,历史上本有争议。在孟子看来,伐纣是诛一无道匹夫,不算弑君。同意孟子的意见,必会责备伯夷心目中缺少一根分辨正义与非正义的轴线。但许多后人不仅没能通晓孟子阐明的道理,还将伯夷的退隐向更加偏执的方向引领,于是"多退而寡进,过廉而复刻",将个人的名节置于天下苍生之上,即所谓"处则远志、出即小草",打着不愿与世俗为伍的旗帜,一意高蹈、拒绝入世、态度消极,罔顾黎民百姓的死活。明人吕坤也有同感,说这些人片面理解"不仕无义","洁一身以病天下"(《呻吟语》)。这样因缘时会,又出了个善观大势、能够因利乘便的柳下惠,以自己的行动来引导、改造因受伯夷影响而斤斤于个人名节的士林风气。

柳下惠"不羞污君,不辞小官",看起来像是伊尹一类的人物,一心要出来做事。虽然他遭遇的不是商汤那样的明君,世风民情也比伊尹生活的时代浇薄很多,但他却以为举世皆浊,他能独清。"尔为尔,我为我,虽袒裼裸裎于我侧,尔焉能浼我哉?"柳下惠"坐怀不乱",自身定力超常,非礼勿视,非礼勿行,虽然入世,却能出世,"遗逸而不怨,厄穷而不悯",表现甚是不俗。但王安石认为后人也没能真正体察柳下惠的苦心,更缺乏柳下惠高洁的人格与自律的精神,只知道要涉世,一旦下水,"多污而寡洁,恶异而尚同",再也无法保持住自身的节气。说句大白话,平常人学柳下惠,也是学不像的。

《三圣人》的重点是王安石最后的总结。他认为上面三个人的出现与他们的行为,多是"因时之偏而救之,非天下之中道也,故久必弊"。真正能够体现天地正心,执两持中、正道直行的是孔子。"孔子集其行而制成法于天下",在权衡了上面各种人的行事方式的利弊后,提出了自己的处世方式,其要义是:可以速则速,可以久则久,可以仕则仕,可以处则处。于是"圣人之道大具,而无一偏之弊矣"。这就是后人所说的"达则兼济天下,穷则独善其身",保持进退弃取的自由,进入了处心有道、行己有方的境界。读王安石的文章,我明白了中庸——过犹不及的道理,知道认识的进步是通过不断反思、矫正偏颇后与时俱进的;思维方式、行为方式的合理化是在环境的变化、人类实践的拓展中达成的。

《致段缝书》:忌以风闻论人

生活中天天都要与人打交道,古人在待人接物方面有不少心得体会,像待人宽、责己严,水至清无鱼、人至清无友,于事不疑处有疑,于人有疑处不疑等,说得极有道理。不过思虑深是一回事,能否实行又是一回事。读王安石致段逢的信,觉得王安石在看人、与人相处方面确有其过人之处。

段缝写信向王安石告状,备言曾巩的不是。王安石认识曾巩很早,虽然变法一事未获赞同,但从不怀疑曾巩的人品学问。再加上段缝的攻讦所据不过风闻,更不能得到王安石的响应。飞短流长、道听途说,传播流言,是社会上的恶俗。正如胡适所言:来说是非者,本身便是是非。都说"众口铄金",谁中枪,最后都会搞得遍体鳞伤,难能全身而退,"风闻"有令人生畏的魔力。俗话说"恶莫大于言人之非",对那些惯于搬弄是非的人一定得提高警惕,不可轻信。王安石的复信强调识别贤与不肖,应当重视自己亲身的体验与印象,没有确凿的证据不可信口乱说。刘劭《人物志》也说:"征质不明者,信耳而不敢信目。故人以为是,则心随而明之;人以为非,则意转而化之……是故知人者,以目正耳,不知人者,以耳败目。"既然段缝仅"以所闻诋巩",王安石为曾巩辩白,便特别说明其所依据都是"某之亲见",耳朵与眼睛、传闻与亲见的 PK,哪个更有说服力,明眼人一看就明白了。

王安石与人相交,并不在意对方的地位、科名,看重的只是德行与才情。他有一个名叫王令的年轻朋友,王安石认识王令时已是地方大员,而对方只是一个年轻布衣,贫穷潦倒,别人时常议论王令,数落王令的不是。王安石则在与王令的交往中感觉到了王令的才情与气度,称其"文学智识与其性行诚是豪杰之士",认定"可畏惮而有望其助我者,莫逾此君"(《与崔伯易书》)。一个被人鄙视的落拓书生,居然成了方面大员王安石敬畏的朋友。之后他又促成了表妹与王令的婚事,当舅兄顾及时人的议论,表现犹豫时,王安石去信称自己深察其所为,别人传其行事过当,皆不足信。王令贫病而逝,王安石亲撰墓志,为这个本"可以任世之重而有功于天下"的青年才俊的早逝叹息不已(《王逢原墓志铭》)。

金无足赤,人无完人,看人应看大节,且应于有过中求无过,不当于无过中求有过。这是王安石信里表达的另一层更深的意思。在信中,王安石称曾巩:文学论议,不见可敌;居家养亲,绝无亏行;其心勇于适道,殆不可以刑祸利禄动。既然人家大节不亏,再要说三道四,倘非恶意,就是责人以"纤完",背离了常规。在另一篇论及看人的文章《委任》中,王安石强调看人、用人,应当"取其长则不问其短,信其忠则不疑其伪",并说:"委之诚者,人亦输其诚;任之重者,人亦荷其重。"这就是所谓推赤心于人腹中。古来贤哲,与人交往均有相同的秉持。郑板桥说:"以人为可爱,而我亦可爱矣;以人为可恶,而我亦可恶",话说得特别实在,将心比心,才能换来真心。郑板桥还称赞苏轼,说他虽然迭遭猜忌、历经坎坷,但他终其一生都觉得世上没有不好的人(《淮安舟中寄舍弟墨》)。史家陈寿也竭力提倡记人之善、忘人之过,唐诗"平生不解藏人善,逢人到处说项斯",给我留下很深印象,我想爱人以德、扬人之善更能激发当事人的良知。

生活中"挟忌怨之心""加怨"于贤者、"加怨"于能人的情形比比皆是。有的人自己口风甚紧,貌似不轻易臧否人物,却喜欢听话、传话,谤言因此"易以传也"。贤者、能人也因此容易被流言绑架。世风浇漓,王安石只好搬来圣人,说孔子"众好之,必察也;众恶之,必察也",孟子则是"国人皆曰杀,未可也,见可杀焉,然后杀之"。并得出结论,孔子、孟子之为圣人,是"其善自守,不惑于众人。而惑于众人者,亦众人耳"。人云亦云,听信流言,只是俗人。退一步说,即使别人真的有错,王安石认为,也不应遽兴问罪之师,不妨设身处地地作一点换位思考,看看是否存在可以谅宥的理由——"于罪之中有足矜者"。他认为"不循其情而诛",那是苛求,待人一刻薄,"则谁不可诛耶?"段缝对曾巩的指责,大多含着能够矜宥的因素,且都是"既往之失",既往之失倘若已经改过,再加深究,便背离了君子待人以宽、乐见迁善改过的恕道。近人胡适也说:凡论一人,总须持平;爱而知其恶,恶而知其美,方是持平。论人的关键大约就是持平——客观公正。

王安石的信讲识人的道理,都极在理,但他主持改革时任用小人也常为人诟病。清人方孝标曾专门著文为王安石辩护,不过我觉得方氏的辩驳理由并不充分。看来明白事理与付诸实践并不是一回事,即使是哲人,其看人的眼光也会有思虑不到的盲区。但是另一方面,王安石能够容忍反对派,不因政治原因害人,甚至与政治反对派苏轼诗酒唱和,对苏轼与秦观在文学上的表现极为赞赏,说明在接物待人方面,王安石毕竟守住了"无憾"(清人戴震语)的底线。

《风俗》:以俭制俗,祛弊除奢

"历览前贤国与家,成由勤俭破由奢"。这是李商隐总结历史经验与教训时一句很有名的诗。李商隐是诗人,一生沉于下僚,无法证明其政治上的才具,但他在经邦治国问题上表达的意见大多极为精当,其中出人意表、一针见血的评析往往而有。这一次,他的意见不仅合于儒家先贤孟子"生于忧患,死于安乐"的提示,还得到了宋代欧阳修、王安石和司马光等有着精深史识的哲人的认同。欧阳修在《五代史·伶官传序》中说,"忧劳可以兴国,逸豫可以亡身"。讲五代政治强人李存勖初承父业时励精图治、雄姿英发,消灭了一个个强敌,得志之后,便把创业艰难全都抛在了脑后,一意享福,结果一个威名赫赫的当世英雄居然让后宫中几个专以搞笑取悦君王的伶官轻轻松松收拾了。李氏的经历正是"成由勤俭破由奢"最贴切的演绎。古人讲"饱食而思淫欲",劳则善心生,养德、养身咸在焉;逸则妄念生,丧德、丧身咸在焉。王安石为此专门写了一篇《风俗》,文章阐述的见解与晚唐的义山遥相呼应。

《风俗》精短,直切主题,称圣君临朝必以匡正风俗为要务,认为"风俗之变,迁染民志,关之盛衰,不可不慎"。将社会风俗提到国家长治久安的层面来认识,显示了王安石非凡的战略眼光。在对策方面,他提出了制俗以俭的原则,"君子制俗以俭,其弊为奢。奢而不制,弊将若之何?""制俗以俭,其弊为奢",是生活于不同时代胸有大志的政治家们的共识。曾国藩位居一品,统率几十万大军,家书屡屡以戒奢相嘱,称自己平日饮食起居严守"寒素家风","极俭也可,略丰也可,太丰则吾不敢也"。王安石认为,"禁微者易,救末者难";曾国藩也告诫子弟,由俭入奢易,由奢入俭难。王、曾的意思很清楚,奢而不制,弊必泛滥,且难以救治。可见,制奢的关键是防奢。王安石还特别提到京师是风俗之枢机,四方依仿。这里士民富庶,财物毕会,难以俭率。追逐衣冠车马之奇、器物服玩之具的世风甚嚣尘上,富者竞以自胜,贫者耻其不若,好似实现了全民总动员,崇尚奢华的习气愈演愈烈。若问弊将若休? 大约必是人亡政息吧。新党旧党,只要意识清醒,对这样的奢华习气均有警惕。司马光在给儿子的家书里对汴梁社会风气的描述,和王安石文中所说几乎一模一样。不同的是,王安石说的是治国的经验,司马光则着眼于治家的法则。在给儿子的家书里,司马光说:"近岁风俗尤为侈靡,走卒类士服,农夫蹑丝履",士大夫家待客,需要数月准备,"酒非内法,果肴非远方珍异,食非多品,器皿非满案,不敢会宾友"。司马光认为,俭是德的源头,侈是恶的渊薮,治家以奢,是败家之征。据此可推,治国以奢,也必是亡国之兆。有宋一朝,虽有范仲淹、欧阳修、王安石、司马光等有识之士不断发声戒奢,但奢华之风却有愈演愈烈之势。宋徽宗喜好花石珍宝,一意诛求,终于玩没了江山。南宋只是苟延残喘的小朝廷,偏安一隅,贡献子女玉帛、称臣于强敌,明知前途艰险、吉凶难卜,仍然一意奢靡。林升诗中便有:"山外青山楼外楼,西湖歌舞几时休。暖风熏得游人醉,直把杭州作汴州"的感叹。

诚如王安石文章所说:"天地之生财也有时,人之为力也有限,而日夜之费无穷,以有时之财,有限之力,以给无穷之费,若不为制,所谓积之涓涓而泄之浩浩,如之何使斯民不贫且滥也?"很可惜,诗人的警觉未能唤回当政者的良知,北宋、南宋在歌舞升平中寿终正寝,均为王安石不幸而言中。

反观目下的中国,改革开放三十多年,我们已经从一个积贫积弱、常遭欺侮的穷国,变成了经济总量排行第二、实力不容小觑的大国,更有消息说六七年后中国的经济总量还将超越美国,位居世界第一。富裕了,生活获得改善,自然无可厚非,但这几年消费观念变化之大,令人咋舌,"殚极财力僭渎以追时好",早已经司空见惯,平日消费中,几万元一盒的月饼,十几万元一桌的酒席,屡有所闻;公家那里,办运动会、搞展览会,一掷千金,场面、气派都要争那个第一,奢华之习让人惊叹。如今当了官要么不起贪心,要是贪污,数额必定巨大。20世纪50年代受到惩处、轰动一时的刘青山,贪污赃款不过几万元,放到现在,不就是五星级酒店一桌平常的酒菜吗?

《送孙正之序》：要有主见,己然而然

"时然而然,众人也;己然而然,君子也。己然而然,非私己也,圣人之道在焉尔。"这是王安石送友人孙正之的诗序,强调人应当有主见,读后深受启发。

人无主见,时然而然,随大流,无须动脑筋,甚至不必跟着感觉走,人皆誉之而誉之;人皆非之而非之。这样实行起来,轻松是轻松,但活着的意义却大大地打了折扣。马克思认为,人的类特性就是他的活动是自由自觉的,自己作决定、自己作选择;不作思考、不辨是非,人云亦云,何异于禽兽?马克思还说:"任何一个存在物只有当它用自己的双脚站立的时候,才认为自己是独立的,而且只有当它依靠自己而存在的时候,它才是用自己的双脚站立的。靠别人恩典为生的人,把自己看成是一个从属的存在物。"人应当有主见,该然而然,不该然不然,是是非非,悉由己定、悉从己出,虽然因此要消耗不少脑细胞,但这是人的活法。谁不想选择人的活法?

回想自己这一生,不少时间有问题也往往不经思考,众然而然、时然而然,糊里糊涂地跟随众人混日子。谢灵运有两句诗:"池塘生春草,园柳变鸣禽",口口相传,都说好。老师教我说好,朋友对我说好,自己也就一直跟着说好。到后来便成了条件反射,一提这两句诗

便说好。忽然有一天,仿佛中了什么邪似的,觉得那两句诗读着有点别扭,也没有什么特别的意义,说不上好。这样一想,就有了反思,觉得当初接受说好一派的意见时连一点自觉的思考也没有。觉悟之后更有了寻根问底的要求,想知道别人何以说好,好在哪里。问了几个人,回答好像都没能说出个所以然来,不能让我满意。我当然知道问道于智不能问道于盲的道理,既然智者、贤者也说不出个道道来,这以后是不是也不能跟着别人随口说好呢?

　　思考了,动了脑筋,还让我有了别样的收获。《古文观止》里收有孔稚珪的《北山移文》,也是人皆说好的名文。但细想之下,觉得孔稚珪这个人文采虽好,为人却不那么厚道,洋洋洒洒写了那样一篇长文,遣词造句,堆砌辞藻,无所不用其极,目的只有一个:骂人。后人大多惑于孔氏华丽透顶的文字,都以为骂得痛快,并将此文推为文章圭臬,大加赞赏。至于孔氏所骂之人该不该骂,则缺少考虑。我想倘若那人的遭际也像魏晋时候的向秀,本来确有"箕山之志",出山为官有自己难言的苦衷,孔氏之骂就有点像是落井下石,在别人伤痛处下手一般;因为年代久远,其中是否含着挟嫌报复,还真值得探究一下呢。不想近日读金性尧先生的随笔,发现他也在文章中表达了同样的疑问,可见人同此心,毕竟厚道是做人的本分。司马迁《报任安书》文情并茂,但喋喋不休地为自己的"名声"辩护,听众却是将被处死的任安,"亦已过矣"。王子猷雪夜访戴,说是"任诞",一直为人津津乐道,而他此举轻薄朋友的这一面,却很少有人注意。只有明人王思任站出来说了公道话,称:"雪溪无妨子猷,然大不堪戴",批评"文人薄行,往往借他人爽厉心脾"。上面这些不断为人提起的古事,意涵都很复杂,不加思考、跟风附和,能不出错?

　　选择人的活法,要有主见,但又不能固执己见,这意思似乎又进了一个层级。王安石是极重己见的,他进行变法的时候,反对的人比赞成的人多,骂詈之声不绝于耳,他立定了脚跟,众皆非之而不加沮,决意以一己之力扛起改革的重任,有人因此批评他"拗",说他是"拗相公"。但改革举措中包含一些激进的成分,信用的属下混入了不少附己、佞己的小人,别人指出了,王安石听不进去,不懂得择善而行,不懂得任人唯贤,似乎又吃了固执己见的亏。这让我想起20世纪50年代末的"大跃进",当时经济比例失调的问题已经非常突出,不少有识之士上书言事,却因领导人的固执而被拒,终于酿成了极大的灾难。由此可见,己然而然强调个人的思考与主见,但也不能作绝对的、片面的理解,"己好则好之,己恶则恶之",滑向另一个极端。中国的古人强调兼听,注意折冲樽俎,防止思维的片面性。毛泽东也说上有所好、下必甚焉,希望下属讲真话,唯实而不唯上。对此苏轼似乎更有心得,他上书当时的宰相,汇报自己的治学体会,说做学问目的在于求知,关键是不能存着私心、固执己见,而唯以天下公理是遵。这确实是至理名言,但实行起来其实很不容易,肉身凡胎,哪个没有点附己、亲己的习性?何况王安石又是一时人杰,学问、见识确实高出时人一头,他的拗,有人说是与"力大"(识力、学力非同寻常)、一向自以为是不无关系,这就是苏轼所说的"有私"——私自己、爱自己,自信满满,听不进不同意见,背离了王氏"己然而然,非私己"的旨意。"夫君子有穷苦颠跌,不肯一失诎己以从时者,不以时胜道……"是对的,但个人认识有局限,己然而然,有时也不免会坚持错误的己见,落入"私己"的泥沼。所以人还应当善于倾听别人的意见,采纳其中合理的东西。孔子可说是古代极有主见的人了吧,他奔走呼号,在礼崩乐坏的时代求仁复礼,虽九死而不悔。但他并不固执己见,不少时候也能容纳异己,愿意听听别人的声音。在与学生辈的子路、曾晳、冉有、公西华等闲聊时有"亦各言其志"的表示,虽然心有所属,但允许学生保持自己的选择,颇有多方听取意见的雅量。在《子罕》中,他还有"从众"、"从下"的表示,体现了一位睿智长者的胸怀。众的意见如果是对的,为什么要标新立异、为反对而反对?这样的反对不是一种抽象的反对吗？除了政治上的固执之外，王安石对自己的文学见解也颇有自信，不大听得进不同的声音。苏轼对此极有体会，他批评说："王氏之文未必不善也，而患在于使人同己……王氏欲以其学同天下……"（苏轼：《答张文潜书》）君子和而不同，何况是极见个性的文章？审美应当多样化，岂能强求一律？

　　王安石似乎也意识到了这一点，因此他强调"术素修而志素定"，以保证己见的可靠性。己然而然，并非私己，而是以圣道为依归，正道直行。我想，术素修、志素定，再加上有时候也不妨"从众"，这样的"己然而然"，应该就是王安石希望达到的境界吧。由此可见，说好说坏，都应当出于自己思考后的判断；人云亦云，跟着别人瞎起哄，对不起造物所赐、长于肩上的那个脑袋。

苏轼谈做人之道

苏轼一生留下了许多精美的诗词文章，受人尊崇，影响极大；但以仕宦经历看，他官虽然做得也不小，但往往屁股下的椅子还没有焐热，贬谪的诏命已到，不得不交印走人，一路风尘，直到"鸟飞犹有半年程"的海角天涯。涉入乌台诗案最惊险，差一点要了大才子的一条性命。连苏轼的红颜知己王朝云也笑他"学士一肚皮不合时宜"。宦海沉浮、如此坎坷，难说是成功的人生。但苏轼是文人，常写文章，写文章时将做人的道理讲得头头是道，不只有理而且有趣，读后印象深刻。也许世上的事就是这样充满悖论：说不出什么做人的道理，却可以有不俗的人生；反过来，进退失据、处境尴尬，又貌似通晓做人的道理。既如此，不以成败论英雄，看看苏轼是怎么说的吧。

寓意与留意

《王君宝绘堂记》是一篇不过三四百字的短文，讲寓意与留意，关涉欲望的控制。苏轼有没有欲？回答必是肯定：有。在《东坡志林》修养篇里他就公开承认，"调生养气，难在去欲"。凡人，都会有各种各样的欲望，拿捏不好，不只让当事人受累，还会贻人话柄。按照宋人的理解，欲出自人的气质之性，是一种自然的生成，关键在于是役物还是为物所役：人受气质之性左右，就容易被种种贪欲所溺；倘用义理之性管控，则欲与物不能予人为害。读苏轼的这篇堂记，感觉他是深谙此理的。

君子好色，苏轼也是一个多情的男子，身边不乏红颜知己，传统文化对君子的这点"雅好"也很宽容，说是"细行"、不会误事、与大节无伤。苏轼的口腹之欲很重，不理会"君子远庖厨"的古训，喜欢亲下厨房，居然自创了不少好吃的菜肴，最有名的便是东坡肉。东坡肉属于大众菜，今天的正经席面也常能见到，入口即化，肥而不腻，男女老少都爱吃，属于雅俗共赏的菜品，东坡的创制让后来的美食家们深受其惠。竹笋是苏轼的最爱，苏轼甚至放言"宁可食无肉，不能居无竹"，"嫩箨香苞初出林，于陵论价重如金"，盘中的这道时鲜肴馔也是文化食客心目中永远的美味。虽然圣人也说"食色，性也"，但于食、色颇有所好的苏轼一直保持着不为物役的警惕，在做人的这一方面，他倒是一点也不糊涂。

请看他的荔枝诗："日啖荔枝三百颗，不辞长作岭南人"，品尝到鲜美的荔枝，居然将流放岭南的重罚也看轻了。然而，"宫中美人一破颜，惊尘溅血流千载"，一想到一段百业兴旺、文化繁荣的盛世终结于帝皇穷奢极欲的享乐，心情立时变复杂了，遂有"我愿天公怜赤子，莫生尤物为疮痏"的长叹。诗不尽意，又专门在《王君宝绘堂记》里作了"君子可以寓意于物，而不可留意于物"的学理概括，表面上是说给朋友听，实际也是对自己的提醒。文中"寓意"与"留意"虽然只是一字之差，论意思却有天壤之别。寓意属一般的喜好，有分寸的把握。喜好不是嗜好，更不是痴迷。留意则是溺、是瘾，"留意而不释，则其祸有不可胜言者。"堂记说的还只是溺于书画，看苏轼的描写，已经为祸甚烈。倘是美色、尤物，又当如何？苏轼没说，明人袁宏道替他说了，袁宏道在《游苏门山百泉记》中写道："举世皆以为无益，而吾惑之，至捐性命以殉，是之谓溺。溺者，通人所戒，然亦通人所蔽也。溺于酒者，至于荷锸；溺于书者，至于伐冢；溺于禅者，至于断臂。"袁氏所论均据于史实，可为镜鉴。周幽王玩烽火，宋徽宗玩花石书画，帝王权力大、能量大，一涉于溺，必至疯狂，最后或是"性命以殉"或是邦国以殉,玩物丧志,这些都是血的教训。

苏轼兴趣广泛、爱好多多,但都止于寓意,不过是当事人的一点"雅好"。在这个范围里,"虽微物足以为乐,虽尤物不足以为病",这就是境界。不以物之价值为意,凡能取悦情性、丰富自己生活的东西,无论贵贱皆可赏玩,赏玩之后,是留是去,皆"不复惜"、"不复念",自然而然,役物而非役于物。我觉得这确是世人接物时应当有的秉持。近代名人张伯驹,为了收藏展子虔《游春图》、陆机《平复帖》等珍贵书画,变卖祖产、出售太太的首饰,倾其所有。令人惊叹的是这些历尽艰辛收藏来的宝物后来全被他无偿地捐献给了国家,可见貌似一掷千金、不惜性命以殉的疯狂之举,在他其实也只是理性的寓意,非为满足占有的私欲。

《容斋随笔》有一节写"士之处世",说人有了年纪方能"未尝置欣戚于胸中",视金珠珍玩如小儿之戏剧,"方杂然前陈,疑若可悦,即委之以去,了无恋想",进入超然物外的化境。去溺真与年龄、阅历的增长有关系吗?苏轼写《王君宝绘堂记》时年届四十,四十不惑,因而有了分辨寓意与留意的清醒意识。细细想来,这样的解释不免于牵强,作者不信,读者想必也不会相信。

忍与不忍

苏轼是个才人,高自标持,有时候却又很乡愿,世俗味十足。都说退一步海阔天空,苏轼对此深信不疑,他写《留侯论》《贾谊论》,将退让的好处说得天花乱坠,对退有无边际,如果有,它在哪,却不置一词。

"心"字上面一把"刀",这字大家都认得,叫作忍。认得归认得,能不能忍,忍得忍不得,这却是一门莫大的学问。史称韩信微时曾受集市上一个无赖的侮辱,要他从裤裆下钻过,韩信含诟忍耻、隐忍下来，后来终成大事。前人文章中故有大丈夫能忍天下之不能忍，故能为天下之不能为的说法。韩信甘受胯下之辱，堪称千古一忍。后人又将忍的适用范围扩大到政治领域，元人赵良弼说："或问为治，良弼曰：必有忍，（乃其）有济。"他还从人性根源讲述忍的必要，说："人性易发而难制者，惟怒为甚。必克己，然后可以制怒气；必顺理，然后可以忘怒。能忍所难忍，容所难容，事斯济矣。"（《元史》卷一百五十九）据说林则徐性急，律己严、对人要求也高，稍不如意便发火，我猜他后来一定读到了《元史》中的这段话，受了启发，特为自己制作了"掣怒"的座右铭，提醒自己要忍。不过我倒觉得，说忍便能济事，未必尽然。目睹恶行，一味制怒，说是忍，不也违背了圣人求仁得仁、见义勇为的教诲？拿韩信来说，如果市井无赖得寸进尺、不依不饶，我想，禀性耿介的韩信一定会拔剑相向，出这一口恶气。这样想来，苏轼一意力行，从黄州忍到惠州，又从惠州忍到儋州，一忍再忍，一生事业，好像都在践履其对"忍"字的体认，这样的忍更称得上空前绝后。

《留侯论》《贾谊论》是苏轼集中两篇著名的人物论，其主旨都是讲忍的道理。苏轼将小忍与大谋做比较，认为忍小才能谋大。他赞赏张良政治上的成熟，认为张良的过人之节，就表现在人情有不可忍者而留侯忍了，张良辅助刘邦成就了王霸之业，自己也因此青史留名。他还举出楚王伐郑，郑伯肉袒牵羊以迎而使宗庙社稷得到保全，项籍不忍而败，刘邦忍而胜之的史实，将"天下有大勇者，卒然临之而不惊，无故加之而不怒"提升到哲理层面来认识与揄扬。对贾谊的不忍，惋惜不已，感叹"谋之一不见用，则安知终不复用"，忍一忍，说不定曲径通幽、柳暗花明的佳景就在前面。在这里"待"就是忍，不能待也就是不能忍。对贾谊的痛哭流涕，后人大多表达了同情，"寂寂江山摇落处，怜君何事到天涯"，遭遇凄惨催人泪下，而豁达大度的苏轼却不以为然，认为与其整日悲悲戚戚，不如下大力气做朝廷群臣的思想工作,疏通打点、沟通交流,使"天子不疑,大臣不忌","不过十年,可以得志"。《贾谊论》"夫君子之所取者远,则必有所待;所就者大,则必有所忍"与《留侯论》"此其所挟持者甚大,而志甚远",遥相呼应和印证,把一个"忍"字渲染成制胜的法宝。

"忍"真有那么大的神力吗?要不要忍?自然是要,古人有说:"君子知屈之可以为伸,故含辱而不辞";但如何忍,何处是忍的界限,很值得研究。历史上有不少名人也是知忍、善忍的大家。王阳明文治武功,千古一人,但被贬西南绝域时,满腹经纶的他居然亲自拿着锄头畚箕去挖坑取土,掩埋两个倒卧道路、素不相识的路人。阳明之忍亦何异于韩信。但贵州忍了,便有了后来书生挂帅、江西立功的不朽勋业。善忍者大概都有忍的底线,该忍时忍,不该忍时宁折不弯。当代伟人邓小平当年被遣南昌,读书思考、不气馁、不丧志,终于迎来起复重用的机会;但当有人要他对"文化大革命"作肯定性表态、据以自固时,则被他决绝地拒绝,选择了宁肯玉碎、不为瓦全的"不忍"。这便是知其可以忍而忍之,知其不能忍而不忍。关键时刻的这一不忍,虽然让他付出了沉重的代价、陷入了一生最为险恶的境地,却也使伟人人格熠熠生辉。

由此可见,忍与不忍往往与形势、与力量对比及道德归趋等复杂因素相关联,一切都要从大处着眼。战国时蔺相如避让骄横的廉颇,是不愿发生内耗,相忍为国。改革开放之初邓小平为中国制定了韬光养晦的国策,深蕴机心,意思要养精蓄锐,忍来几十年的和平发展。一言兴邦,试看今日之域中,百年阴霾一扫而空,贫穷落后已经离我们远去。可见,这忍是必要的、值得的。但是不是时时要忍、处处逆来顺受,则又未必。涉及核心利益就不能一味地忍。像苏轼那样被一顶乌纱帽牵着鼻子走,被人摆布来摆布去,自己忍了,别人感觉却甚是"不忍"。圣人有所谓"三军可夺帅,匹夫不可夺志"的说法,意思是不忍,即所谓:是可忍,孰不可忍!不能忍的时候,那就是血脉贲张，威武不能屈，富贵不能淫，贫贱不能移，一点退让余地也没有。

面誉与背毁

　　苏轼一生有许多岁月是在放逐中度过的，去官之后，读书、写东西之外还有大片可以支配的时间，无事时对人情物态常有留意，想问题一细，便有许多新的发现。一篇《墨君堂记》通过人们见面时称呼中前扬后抑、面誉背毁，两种迥然有别态度的观察，居然把握到了深藏于人际交往背后的天理人心，读后很受启发。

　　苏轼注意到"凡人相与号呼者，贵之则曰公，贤之则曰君，自其下则尔、汝之"，对社会上有地位、有权势的所谓长者、贤者，平时见面人们都得用尊称，至于非长、非贤，则直呼尔、汝就对付了。这是称呼的通例，大家都这么打交道，并无什么例外。重要的是苏轼注意到对那些平日里恃财、恃势通吃一方的人物，街坊邻居大多"貌畏而心不服"，"进而君、公，退而尔、汝者多矣"。这些平时被人当面尊为君、公的人物，心术不正，行事多有可议，因为有权势，路上碰了面，只得虚与委蛇、毕恭毕敬地打招呼，但一转头，指指戳戳、数落其人不是，往往而有。公道自在人心，谁能禁得住背后的议论？明人陈继儒因有"使人有面前之谀，不若使人无背后之毁"的说法。

　　前些时读古人稗钞，说纪晓岚在国史馆受命编书，天热，国史馆里没有降温设备，便光起了膀子，刚好碰上乾隆皇帝来史馆视察，差役报进来时，乾隆已经进了后院，纪晓岚无奈，只好躲到了桌子底下。乾隆倒也能体谅臣下，看见了，只作不知，巡视一番后便欲离去。刚跨过门槛，躲在桌子底下的纪晓岚忍不住问：老头子走了吗？不料让耳尖的乾隆听见了，乾隆马上返身传那光着膀子的纪氏出来，要问他大不敬的罪。于是纪晓岚便施展起了舌辩的本事，将"老头子"作了别样的解释，乾隆爷那天大约心情好，放了他一马。封建时代皇帝是最大的威权人物了，纪晓岚直呼乾隆老头子，不是找死吗？

被人如何称呼，特别是背后被人怎么称呼，很能够反映此人在人们心目中的印象。当着面，不好意思、敷衍着，背了人，没了顾忌，该说什么就说什么。怕被人说、怕被人骂，就得将人做正了、做直了，这也是正人君子何以如此爱惜羽毛的原因。看来，这称呼里面确实包含了不少做人的学问。苏轼的文章也由此起兴，用竹子的特性来与人格相比，认定竹子是朴实的君子，不以声色嗅味来悦人耳目；不慕于势利，不拘于好恶，不论贵贱亲疏，待人接物一概地温良恭俭；不管外部环境有多少变化，永远坚守其质直的节操。"得志，遂茂而不骄；不得志，瘁瘠而不辱。群居不倚，独立不惧。"身正、行端，高自标持，无论古人还是今人，无论人前还是人后，竹子得到的都是称赞和肯定。我想也是，凡人拥有这么多优质的品性，谁不愿与之亲近，谁能忍心对这样的人说三道四？

思与无思

考量苏轼生平，感觉他身上确实颇有一点世俗气，不过日常生活中的从众、乡愿只是苏轼性格的一个方面；一进入充满自信的学术文化领域，他好与人争，特立独行的品性便暴露无遗。也许世上那些可以称为思想家的人，潜意识里总会有一点挑战陈说、标新立异的冲动，譬如钱钟书就认真与人杠着，罗列了多条理由，执意要摘陆游、辛弃疾头上的爱国主义帽子。苏轼挑战慎思、明辩的古训，主张无思无虑，率性而行，大约也出自这样的心理。

谋定而动，三思而后行，这是载于儒家典籍的明训。唐代韩愈又有进一步的发挥，说："行成于思，毁于随"，认为行动之前应先将路径、利害等关系考虑清楚，熟筹于心，这样才能应付裕如、事半功倍。西方人笛卡尔有"我思故我在"的说法，将思而后行视为人的特性，马克思《1844年经济学哲学手稿》对人的自觉特性的强调也是众所周知的。经过思考的行动,是合乎理性的,最低限度,思考后行动便不会后悔。但苏轼却大唱反调,挑战前人的经验,刻意张扬率性而行所得的快感。他在应约为朋友所写的《思堂记》里说:"余,天下之无思虑者也。遇事即发,不暇思也。未发而思之,则未至;已发而思之,则无及,以此终身,不知所思。"在苏轼看来,未发而思,无的放矢,是无效的思维;已发而思,是迟到的聪明、放马后炮。苏轼是旷达之人,不愿蹈袭这种瞻前顾后、谨小慎微的活法。他说:"言发于心而冲于口,吐之则逆人,茹之则逆余。以为宁逆人也,故卒吐之。"这是性情中人的发声,想想也是,事无巨细都要斟酌再三、反复权衡考量,这等患得患失的做派,如何入得秉性刚直的东坡法眼?稍早,他在写作《密州通判厅题名记》中也称自己:"余性不慎言语,与人无亲疏,辄输写腑脏,有所不尽,如茹物不下,必吐出乃已。而人或记疏以为怨咎。"可见,苏轼对自己率性疏放的性格缺陷也极有自知。

需要指出的是,遇事即发,未暇思,是苏轼话中表达的第一层意思;宁肯得罪人,也不能有违于直来直去的本性,则是第二层意思。后面这层意思争议多,笔者也不敢苟同,未思而行却让我想到许多特殊的情况,感觉其中不乏一定的道理。

试以突发事件的处置为例。火车飞快开来,路人见有毫无知觉的孩子在铁轨上玩耍,是思考后行动、还是凭直觉行动?如果真要思考,因为情况复杂,行动与结果有N种组合,若要一一考虑清楚,择善而行,耗神费时事小,耽误了救人事大,车到人飞,行前之思不也变成了马后空炮、悔之何及?战场情况瞬息万变,也需要当事人做出即时反应,董存瑞、黄继光的献身,大多是临机而断、"未暇思也"。事起突然,千钧一发,容不得半点迟疑,直觉的反应才管用,理智的选择多半是滞后的。

古人说,尽信书,不如无书,听苏轼说话也当如此。我觉得,未思而行,虽然是直觉的反应,但往往有健全的理性作铺垫。例如魏晋之际的嵇康,此人洁身自好、秉性耿介,生活在多事之秋,却未曾学得阮籍缄口是非的本事,"刚肠嫉恶,轻肆直言,遇事便发",使性惯了。人家君子绝交不出恶声,只是敬而远之。他不,看不顺眼、意见相左,立马发作,绝交信给山涛写了一封,给吕巽又写了一封,像一个不动脑筋的莽夫。但一深究,不愿与司马氏合作、同山巨源政见对立早就公开化;平日里鄙视龌龊小人也完全是出于嵇氏的秉性。可见,"轻肆直言、遇事便发",看起来像是意气用事,属于未加思索的即时反应,但这种未加思索的即时反应是以"刚肠嫉恶"为前提的,爱恨情仇早就深深地烙于嵇康那一副疾恶如仇的刚肠中了。逾思长林而志在芳草,与同道的向秀友善,对效忠大将军、甘为鹰犬的钟会当然就会恶语相向;喜欢正直率真的吕安,就一定会讨厌卑鄙耍奸的吕巽。嵇康死得早,托孤山涛虽见悔意,《幽愤诗》也有一定的检讨,但与进行学理总结相比还差得远。好在苏轼对此也有思考,他直白地说:"君子之于善也,如好好色;其于不善也,如恶恶臭。岂复临事而后思,计议其美恶,而避就之哉? 故临义而思利,则义必不果;临战而思生,则战必不力。"虽然是遇事即发、未思而动,仿佛是跟着感觉走,却都能在平日的思维方式、行为方式中找到行为的逻辑和根据。君子行善,自然是当仁不让;小人作恶,也必是本性使然。除此之外,苏轼话里其实还包含了这样一层意思,那就是想多了,计及利害,难免左顾右盼,行动反会变形,口将言而嗫嚅,足将进而趑趄。这样的人生活中见得很多,如此谨慎小心,活得能不累吗?

苏轼鄙薄"临事而思",欣赏"遇事即发",体现了他作为性情中人的本色。然而现实生活是复杂的,临机处理问题的方法并不具有普适性,也应区别情形灵活对待,不能绝对化。谋定后动与遇事即发、未思而动各有其适应的场合,不能非此即彼。苏轼一生,偶尔也有情绪化冲动的情形,但把他理解为一味任性胡来的莽夫就大错特错了。他与王安石政见对立,却没有因此反目,常在一起切磋文事、诗酒唱和;他夹在朝廷新旧党争之间,一意吞声忍气,找不到半点"宁逆人、不违己"的影子。朋友章质夫名其堂为"思",苏轼受托写堂记,有意借题发挥,与朋友笑谑调侃,才有了这篇反"思"的奇文,这也是读苏轼这篇文章时应该注意到的。至于苏轼因随意发声而辄获怨咎的经历,更是后人需要记取的教训。

文人笔下的古代官场

历史上许多封建王朝都曾推出过整肃吏治的各种举措,用严刑峻法来对付那些心术不正的贪官污吏,明太祖朱玩璋最严厉,用剥皮塞草的酷刑来惩处贪官,然而收效往往不大,官场因此被人描得很黑。我生也晚,又身处江湖,所知官场的情形不过皮毛而已,只好依着人家,说黑就是黑,说白便是白。近日稍闲,读了不少古人的文章书信,看过宗臣《报刘一丈书》和郑日奎《与邓卫玉书》,觉得古时做官要看人脸色,也挺不容易的;以后又读唐人孙樵的《褒城驿记》,知道当公仆、为人民服务是现代意识,鞠躬尽瘁也并非一体遵行,古代做官并不都要焚膏继晷、宵衣旰食、三过家门而不入,偷偷懒、不作为、得过且过,也一样能糊弄过去;及读吴敬梓的《儒林外史》和柳宗元《送薛存义之任序》,又进一步知道当官也并非先苦后乐,打秋风、刮地皮,三年清知府,十万雪花银,做官不失为一条致富的捷径;将钱财看得轻的,往往不喜欢做官,他们眼里的官场,拘牵性灵,尽是恶趣,这些虽是另类的观点,却也让我们知道古人眼中的做官还有另一种面相。

一

宗臣是晚明人,是复古派"后七子"中的人物。读书时听老师讲文学史,告诉我们复古是逆历史潮流而动,复古派属于反面人物,宗臣混迹其中自然也入不了先生的如炬法眼。现在看来,这样评价历史人物太过简单。复古虽然问题较多，但也自有人家企图复古的理由。再说，文学主张就是文学主张，与为人不是一回事，复古派笔下也常能写出很有思想深度的好文章。宗臣的《报刘一丈书》直击官场黑暗，立场、态度都没有问题，被许多古文选集收入，对于我们了解晚明官场情形极有好处，举一反三，还可以对古代官场有一个一般性的了解。

限于篇幅，宗臣的信只是描述了当时下属求见高官时备受刁难的一幕，展现了古时权与钱交易的一个侧面。作者先讲门房如何倚势收受买路钱。你看，求见者分明是所谓"官身"，却要在地位低下的门子面前"甘言媚词作妇人状"，光说软话效力自然有限，只好"袖金以私之"，这才打动了门子，懒洋洋地拿着名片入内通报。但直到日头西下，也不见有召唤的动静，最后门子出来说，主人累了，明天来吧。古时的门子承担的是今日秘书的部分工作，读宗臣的《报刘一丈书》，发现高官的秘书早在明代就已经很牛了。

虽然备受冷眼，但因为有求于上官，明天还得来。这一回，门子脸色更难看，他没有忘记昨天曾经说过明天来的话，但那只为打发你走，怎么真的又来？无奈只好再塞一回钱，终于受到召见，"匍匐阶下"，一面磕头，一面呈上沉沉的挚礼，主人板起面孔严词相拒，阶下人坚执要送，态度诚恳。如此僵持好久，上面终于缓颊，"勉强"收下。又揖了好几揖，诺诺而退，求见一出算是闯关成功。一出门，昨日因受怠慢的萎琐之气一扫而空，逢人便说如何受到上宪的厚待；而得了金银的主人也适时放出话来，说某某颇贤，于是口口相传，此人前途因此一片光明。

有趣的是，这样的情形并非明代一朝独有，改朝换代之后，清康熙间人郑日奎的描述与宗臣所说竟然如出一辙。那时一入仕途便要参见上官，去时"必先贿阁者，为婉词求其通。阁者犹不遽达，直曰：属方有公事，君且去。约以他日。既不敢强求，复不敢违约。如期往,或不值;值矣,则下马拱立门外,阍者将刺入,良久,始出报曰:属方倦,小息也。或曰:甫进餐。或曰:方与某客谈未竟,君姑俟。乃引至别室中,几席略不备,苟然命坐。良久,口且燥,腹且饥,或疲欲就卧。当此之时,面目不可以告妻子,每愤起欲弃去不顾,度于理不可,勉俟之。良久,阍者超前曰:请见矣。急从之入。"(郑日奎《与邓卫玉书》)在郑氏的信里,也一样有对门子——阍者的抨击,门子的恶状与宗臣所见也一般无二。看门人的傲慢不就是仗着主人的权势吗?如果说今日的秘书承担了古时门子的部分工作,那么我愿秘书们千万不要学这样的门子,而对宅中的主人则更有别样的期待。

二

《报刘一丈书》初看只是觉得当事人的人格有问题,但一往深处想,就有了低三下四、奔走豪门、为何当官的疑问。达则兼济,这是为人民服务,是大公,又何必如此折辱自己?反过来想,甘愿折辱自己而为大公,那又是一番什么样的境界呢?

读书不求甚解,想想就马虎过去了。后来读到孙樵的《书褒城驿壁》,也是讲做官的,一下引起了我的兴趣,不过读过之后先前的疑惑不仅未得开释,反而增多了疑问。"为官一任,造福一方",当官是"达",是"用",当然要在兼济方面多动脑筋,在其位谋其政,坐上了位子就得有所作为。但唐人孙樵一次偶然的出行所看到的官场实情却与此相去辽远。他写《书褒城驿壁》,充满了感慨。奔走宦途,孙樵碰巧住进了一座官方的驿站,看到偌大的驿站一副破败的模样,起初的感觉也还平常,驿站、驿站,歇脚的都是过客,今日住,明日行,驿站的好与坏,与自己的关系只是一宿。然而一转念,举一反三,悟到了一般官员的行事方式:不作为,敷衍塞责。孙樵真是个有心人。人家入住驿舍,生一点旅思,写写"驿寄梅花,鱼传尺素",很普通、也常见;稍过于此,因见旧物而想古事,"徒见上将挥神笔,终见降王走传车",发一点怀古的感慨,也在情理之中。比较起来,孙樵确是别出心裁,而这也正是这篇短文出奇与出彩的地方。孙樵的驿记想要告诉我们,刺史、县令因有任期的规定,"远者三岁一更,近者一二岁再更",当官本来就有混日子的打算,现在又"促数于更易",想做事又做不成,便索性不作为,轻轻松松混日子,任期一到便拍拍屁股走人。州衙县衙就如驿站,州官、县令也成了驿站里的过客。

  孙樵是唐代散文家,今天知道他的人似乎并不太多,但他的这一篇《题褒城驿壁》,以小见大,深入浅出,对古代官场有深度的解剖,一直被列为名文。我猜苏轼是读过这篇"墙头记"的。读过留下印象,自己又因宦游,两过凤鸣驿,驿舍第一回旧、第二回新,迥然有别,苏轼因此深有感触,当有人请他也写一篇驿记时,立刻欣然答应。由治驿舍看治地方,苏轼的文思沿着孙樵《题褒城驿壁》的旧迹,不过将孙氏表达的意思作了大幅度的扩张,经孙、苏二人前者呼、后者应,读者再无动于衷,也该想一想古时官的当法了吧?传舍的修缮看起来只是小事一件,但放着小事不做,空喊要做大事,"居其所不屑,则躁",最后肯定一事无成。而管着凤鸣驿的扶风太守能从小事做起,"其治扶风也,视其剢剢者而安植之,求其蒙茸者而疏理之,非特传舍而已,事复有小于传舍者,公未尝不尽心也。"手眼并用、巨细不分,致力于实做,境界高出俗吏、庸吏好多。苏轼服膺儒家欲有所为的理念,对扶风太守赞美备至,并对当时官场人物眼高手低的不作为提出了严厉的批评,说:"尝食刍豢者难以食菜,尝衣锦者难以布衣,尝为其大者不屑为其小,此天下之通患也"。

  有了前车之辙,就得审察后车之鉴,我觉得孙樵的《题褒城驿壁》的描述与今日情形颇有出入,虽然也有将官守当驿站的,混一段日子换马走人,但古人是不作为,今天更多的是乱作为。如今的地方官上任时挂在嘴上的也是为官一任、造福一方这句口头禅。话说得好听,老百姓也充满了期待。官员们确实也不含糊,新官上任,再不济,三把火还是要烧的。虽然现在的国家领导人明确指示不要搞面子工程,习近平也说只烧三把火不能证明官员的能力,但三把火真有愈烧愈旺的趋势。有意思的是,今天新官上任的三把火大多烧在明处,在那些最迟钝的人也能看得见的地方用力,例如拓宽道路、圈地开发、灯光照明。前两项很花钱,但有人肯花,当官的也能得些好处(听说拆迁修路是贪墨案频发的所在),道路修成后气派非凡;后者花钱不多却能立竿见影。这样的事做多了,被人喻为"面子工程"。面子工程做完了,三年四年的任期也到了,换个地方再去继续自己的"面子工程"。苦的自然是生于斯、长于斯、走不了的老百姓。

有人会问:"面子工程"让前任做完了,后来者怎么办?不要紧,拆了前任修的路重新修过,照样有大把的银子出入;而灯光工程大约因为时过境迁,三四年也到了该"升级换代"的时候。这样地方官一任一任地换,地方上总是热热闹闹,忙得不可开交。只是那道路拆了建、建了拆,过往于此的现代居民很受罪,只好跟着古人学唱"信有人间行路难"。

三

当官不为老百姓做事,当官的一天到晚穷忙,都在忙些什么呢?这也是大家的疑问。中国人做官的热情一向很高,嘴里都讲兼济天下,立功立德。要兼济自然是官做得越大越好。手中有了权力,才能有所作为。不过封建时代,境界高的不多,对于多数士子来说,渴望当官主要是受权力的诱惑,十年寒窗,无非是冲着金榜题名,以后便是俗谚中所谓"书中自有黄金屋,书中自有颜如玉",官位等于权力,权力提供了满足各种私欲的条件。做官之后,坐堂有人站班,出行有人开道,讲话有人喝彩,消费有人买单,死后有人树碑。至于一人得道、鸡犬升天,光宗耀祖,这做官能不让人羡慕?读《儒林外史》,其中就有王惠去江西南昌府赴任情形的描述。王惠了解官场规矩,非常坦率,直截了当地向前任道台的儿子蘧景玉打听:"地方人情,可还有什么出产?词讼里,可也略有些什么通融?"吴敬梓笔下的蘧公子是清流人物,讨厌王道台的"鄙陋",便打趣说他父亲在此做官时,官衙里唯闻三种声响:吟诗声、下棋声和唱曲声。如今王道台上任,今后衙门里一定会换成另外三种声音:戥子声、算盘声和板子声。做官发财,这是老例,王道台居然未能听出蘧公子话里所含的讥讪,点头称是。没过几天,王道台便付诸实行,"钉了一把头号的库戥,把六房书办都传进来,问明了各项内的余利,不许欺隐,都派入官。三日五日一比,用的是头号板子⋯⋯"王道台也极用心计,"把两根板子,拿到内衙上秤,较了一轻一重,都写了暗号在上面。出来坐堂之时,吩咐叫用大板,皂隶若取那轻的,就知他得了钱了,就取那重板子打皂隶"。新官治下,顿现新的气象,《儒林处史》写道:这些衙役、百姓,一个个被他打得魂飞魄散。合城的人无一不知道太爷的厉害,睡梦里也是怕的。读清人陆继辂《与友人书》,感觉王道台接获吏部派遣,没有挑肥拣瘦,即赴任所,在官场中至少还算听话;等而下之,获任之后,先打听地方情形,才决定去与不去,或拉关系、走门子,一心要捞个肥缺,更觉其性行卑下。

　　古人中也有一些关于如何做官的不同声音,被贬岭南的柳宗元颇有一点现代的民主思想,认为当官就是服务于黎民,"盖民之役,非以役民而已也",还打了比方,将官员看成百姓的雇工,受其直,谋其事。也因此对"受其直,怠其事"的官场风气予以严厉的谴责。至于"受若直,怠若直,又盗若货器"(意即贪污,引者注)者,更应为大众所不齿(《送薛存义之任序》)。朋友薛存义为官清廉,勤政爱民,"早作而思,勤力而劳心",在其治下"讼者平,赋者均,老弱无怀诈暴憎",受到柳宗元的激赏,听到薛某人要远行,忙忙地载肉于俎,崇酒于觞,追而送之江浒,目的就是为了表达一份感佩的心意。

不过我想,如果真的像柳氏所说,当官只是一般的职业,或者更以公仆视之,肯定看不到各个朝代奔走官场、跑官买官这样的热闹情景了。倘是秉承先贤"先天下之忧而忧,后天下之乐而乐"的教诲,兢兢业业、两袖清风,想当官的人还能有几个?公忠谋国,鞠躬尽瘁、奋不顾身,这样当官,累人得很呢!至于忠而遭谤、信而见疑,被黜落、被充军、甚至被杀头的做官,更会让人将仕途视为危途,避之犹恐不及的。

四

我觉得古人中吴县县令袁宏道的官做得最"性灵",性灵派的袁宏道只能算作官场中的另类。袁氏对立功立德不很在意,对黄白之物也不十分贪婪,一开始很高兴分往吴县,因为那里的好山好水远近有名,只待他作"性灵"的徜徉。欣喜之余,袁宏道拿出纸笔,给亲朋好友报告这一喜讯:

弟已令吴中矣。吴中得若令也,五湖有长,洞庭有君,酒有主人,茶有知己,生公说法石有长老,但恐五百里粮长,来唐突人耳,吏道缚人,未知向后景状如何,先此报知。

袁宏道毕竟不是来此旅游的过客,他刚到县衙上班,师爷、跟班、杂役参见既毕,就有人将一大堆公文放到了他的面前。做县官要设堂听讼,明朝末年,朝廷失政,民间纠纷便多。最让他不痛快的就是迎来送往。袁宏道自己不想做那些中饱私囊、刮地皮的勾当,但他又如何能禁得住盯上了吴县这块肥肉、欲壑难填的上官的卑微心思。今日府台、明日制台,频频光顾,由不得你袁令清高,逼得袁宏道不得不去催粮讨债做那些下三烂的事,然后用吴县出产的山珍水族、陈酿美酒来供奉和取悦坐在县衙大堂上板着脸子的顶头上司,在上司酒足饭饱起身欲走时还要奉上丰厚的盘缠。袁氏豪放洒脱，性情中人，却硬是要强抑着愤怒，在扭曲的脸上挤出笑纹。于是，一顶乌纱立即成了套在袁宏道身上的沉重枷锁。要保住这顶乌纱，在这片如画山水间立足，就必得要去做搜刮地方的事；不甘心去做那些违背本意的事，就只能摘下这顶乌纱，与他心爱的吴中山水作别。乘兴而来，终于到了兴尽而去的时候。袁令在给好友丘长孺的信中抱怨说："弟作令，备极丑态，不可名状。大约遇上官则奴，候过客则妓，治钱谷则仓老人，谕百姓则保山婆。一日之间，百暖百寒，乍阴乍阳，人间恶趣，令一身尝尽矣。"官做到了这个份上，对他来说，除了一走了之，还能有别的什么出路？

　　因为不贪，品尝不到做官的好处却又受官身的拘牵，性喜自由的袁宏道品尝了"为五斗米折腰"的滋味后，终于弃官他去，走了陶渊明的老路。我觉得比较起来，魏晋时的嵇康更清醒，他觉悟得早，知道做官的诸般恶趣，拒绝山涛的举荐，列数了做官给他充满兴味的人生带来的伤害，那就是著名的"七不堪"、"二甚不可"，一行作吏，则长林丰草、抱琴行吟、弋钓山野，这些赏心乐事，全部泡汤。江上清风、山间明月，才是嵇康的所爱。因受举荐，便要同山涛绝交，言语举止虽属过火，却也符合人物的性格。

　　读书时接触到的负面信息多，本文中官场的掠影也多半不大好看，只能请读者谅宥。不过近日读清人文牍，看了于成龙《与友人荆雪涛书》，则别是一番滋味，感觉古人中也有将做官作为一种担当、心气颇高的。于文龙因拔贡被派广西罗城，亲友大多不以为喜，觉得与其到这样荒凉偏僻的地方去做官，还不如在家过舒坦日子。而于成龙以"利不苟趋，害不苟避"自相激励，典鬻田屋，凑了百余两银子去赴任。四十五岁，算是壮年，比王阳明《瘗旅文》中所写龙场驿冤死的老者年轻一些。虽然路遇风寒，贫病交加，却终于挣扎到了任所。但到得罗城一看，蒿草满目，无人行径，一座县城，因为盗贼肆虐，全部居民仅只八户。更要命的是相随而来的家乡子弟,一个死了,其余皆病。于氏苦苦撑持,地方终于出现了致治的局面。书信中因有"益励前操,至死不变"的誓词,正气扑面。于成龙属于古代官场的特例,因为勤勉、廉洁,连康熙帝也称他为"天下第一廉吏"。

袁宏道说情趣

寻常和人打交道,很自然地亲近说话风趣、有人情味的人,不大愿意与一天到晚板着面孔、喜欢说教的人来往,平素木讷、缺少兴味的生活也经常成为自己批评性反思的对象。近日翻书,读到袁宏道的《叙陈正甫会心集》,发现情趣、兴味也大为古人所激赏,中国人虽然受限于礼教、束缚较多,但传统文化提倡中和,也一样能容纳幽默、风趣的人生。

《叙陈正甫会心集》对人的情趣作了很有意思的描述。袁宏道是性情中人,自己有经验、对人有观察,因有"世人所难得者趣也"的感觉。而一声感叹,正好折射出公安派崇尚性灵的人生趋赴。袁宏道获任吴县与辞任吴县时给朋友的两通书信,足以彰显他性格中的率真:适性则行、违性则去。做派就像南北朝时的王子猷,见雪兴生,酒酣后要访友,酒醒趣尽,乏了、累了,二话不说,掉过船头就回家,一转眼就把访友这件事丢在了脑后。那天剡溪上雪花飘了一夜,王子猷也在山溪中整整折腾了一夜。让人深感困惑的是,明明是当事人发酒疯、瞎胡闹,还因此轻薄了无辜的戴安道,后人却津津乐道了一千多年,称这就是率性而行的审美人生!中国人会玩、有趣,由此可见一斑。《叙陈正甫会心集》显示袁宏道对"趣"的思考十分细致,认定"趣"只能意会、难以言传——"虽善说者不能下一语,惟会心者知之";并认为"趣得之自然者深,得之学问者浅"。后面这句话说得似乎有点绝对,一下就将趣味引向了神秘的方面。虽然学问好的人不一定有情趣,但学问做得好,一旦情趣起来,即如长袖善舞,更能将其演绎得出神入化,到达的境界自是凡人难以企及的。当代学者钱钟书学问渊博,他能写长篇小说在学人圈子里已是一个奇迹,《围城》文笔诙谐、妙趣横生,钱钟书与那些死读书、十分无聊的冬烘先生相比不啻有天壤之别。如果用情趣作标准,对现代文学作品逐个进行评比,我绝对会投《围城》一票。所以不能一概而论地说情趣生活与学问、知识相敌对,知识愈多愈无趣。幸好袁氏适可而止,改从生活实例来说明情趣人生的种种表现,效果确实很不错。

我们知道公安三袁与李贽友善,时相过从,深受李贽思想的影响,袁氏论趣便从童心说起。袁宏道认为,儿童面无端容,目无定睛,口喃喃而欲语,足跳跃而不定,却能得人生之至乐,是"不知有趣,而无往而无趣"。由此类推：村夫野老,品愈卑,所求愈下,率性而行,无所忌惮,知趣、生趣、现趣的概率也最大。从袁氏的分析看,率真是情趣之源,但关键还在于这里的率真大多与人性中善良的部分联系着,给人的感觉便是两个字：亲切。袁宏道有一篇《山居斗鸡记》,写乡间小儿见两鸡相搏,一大欺一小,心生不平,便愤而出头,帮着小鸡斗大鸡。旁观的大人笑他越界、多管闲事,反被孩子一通嘲骂："较之读书戴乌纱与豪家横族共搏小民,不犹愈耶?"意思是大人中有不少势利鬼,昧着良心为虎作伥、帮着强的欺弱的。孩子虽小,凭着天性,居然对老子所说的"天道"与"人道"也有了感性的认知,助小鸡搏大鸡,看起来好像只是童稚的天真,其实合于"损有余补不足"的天道。一旁目睹了村野中偶发的这场斗鸡、有感于童心的一片率真,袁宏道逢人便说,说过之后,"人笑余亦笑,人不笑余亦笑,笑而跳,竟以此了一日也"。不管是与人同乐还是自得其乐,都让袁氏本不称意的人生有了放声一笑的绝好佐料,增添了不少乐趣。

趣得之自然者深,得之学问者浅,一看便知是公安派崇尚性灵的见解。在袁宏道看来,世上的无趣之人,往往是那些上年纪、有学问、品级高又自以为是的人。这就应了"高贵者最愚蠢"的说法。这类人自己被各种规矩束缚,只知从众、可有可无般地活着,又好用规矩苛求人,像巴金《家》中高老太爷对觉新的管束,严重点说,那是扼杀人性、蓄意制造人间悲剧。此外还有一类人,满口仁义道德、道貌岸然,骨子里却是满肚子男盗女娼,像鲁迅小说《肥皂》中的四铭,面目更是可憎。

袁宏道说趣的文章含着警示,做人要懂得自爱,特别是年纪大的人,不能自以为是,什么都看不惯,像专门挑毛病、扫人兴头的九斤老太。《红楼梦》我读得少,却还记得贾母多次出面,不准人干涉孙儿辈们的嬉耍玩闹,只要孩子们玩得开心尽兴,她贾母也必喜滋滋地偷着乐。贾母护孙并不违礼,认识这一点很重要,事实上贾母也绝无违礼的"故意",在宝玉的婚姻大事上,秉持延续高贵血脉与诗礼传家的所谓正道,她也是坚定的"金玉派"。但她容忍儿孙们保持自己活泼的天性,毕竟比大观园中顽固的道学家们知趣、识趣,见地也显然高出后者一大截。

古人苦于生计,面对生活的煎熬最容易消磨掉的正是做人的情趣。因此看古人如何在困顿中挣扎,如何保持阳光、乐观的心态,有助于把握中国人积极向上的文化性格,而这自然也是思考情趣时的题中应有之义。我由此想到了归有光。归有光科场失意,五十多岁前一直在各处奔波,亦教亦学,维持家计的重压,科场得意者投来的冷眼,都让他深深地感受到生活的艰难与世态的炎凉。可是他写《寒花葬志》、写《女二二圹志》时注意到寒花冉冉而动的眼珠与替主护食的率真,描写出生未及周年的女儿二二见父亲归家时"跃入"其怀的欢腾,这些似乎都说明艰难的生活并没有磨灭归氏认真观察与体验生活的兴味,假使没有慧眼,如何发现?没有情趣,怎有感觉?我想,归有光的作品之所以耐读、获得好评,应是文情并茂、感人至深的缘故吧?

袁宏道说趣、论趣,也极想构建有趣的人生。在致友人徐汉明的信中,他将世人的活法分为四类。第一类,玩世。玩世者罕见,"上下几千载,数人而已",且"不可复得",袁氏因此认为玩世不可学。第二类,出世。出世太过消极,袁氏未赞一词。第三类,谐世。袁宏道称此类人物为"措大",意谓"穷酸",撇清了与它的关系。他最中意的是名为"适世"的第四类。袁氏所说的"适世"与媚俗无关,他用语带自嘲的口吻描述这一类人的行止:"以为禅也,戒行不足;以为儒,口不道尧、舜、周、孔之学,身不行着恶辞让之事,于业不擅一能,于世不堪一务,最天下不紧要人。"也许正是因为天下最不紧要,才能更多地葆有纯真的人性,葆有生活的乐趣。这样的人当然会受"贤人君子"的排斥,而袁氏偏爱此种活法,说是"自适之极,心窃慕之"。

"自适之极,心窃慕之",这样的生活境界确实令人神往。余生也晚,不能亲历文字载录的那一个个其乐融融的生活现场,然而也幸有文字存留,每一阅览,都给了我挥之不去的深刻印象。儒家哲人其实也是宽容大度、充满情趣的智者。孔子编《诗经》,将表现青年男女恋爱的诗章置于篇首,反映田夫野老悲惨生活与反抗意识的篇什也不以为忤、一样得到了保留。《论语》"侍坐"一节中他与弟子们春日郊游,闲坐聊天,气氛亲切平和,言谈充满人情味,让人感觉到孔子谦和、睿智的人格魅力,虽然千年遥隔,读之仍如沐春风,获益良多。惠风和畅、曲水流觞,当日发生在兰亭的那个文人雅集,应该是一个融洽、惬意的聚会,万物复苏、百家争鸣,大约从"细推物理须行乐"到"天生我才必有用"的各种不同意见都可以尽情表达,全不用介意能否获得认同,只是"亦各言其志耳"。要是真的能够穿越,去往魏晋,一睹高人雅致,该有多好!此外,还有一位稍晚于袁宏道、前无古人后无来者的票友近于荒唐的行止也因情趣的关系走入了我的视野。深夜里,乘着月色,未经人家允许,私闯本属方外的禅院,自说自话地摆下场子,大吹大擂、粉墨登场,硬是过了一把唱戏的瘾,你说这样的票友酷不酷？此人就是生活于明末清初的张岱，一个兴发而来、兴尽而去，全不讲求梨园规矩的顶级票友。

　　古人已经远去，我们的国家走上了现代化的轨道，但现代化不能简单地理解为物质财富的创造与人们生活的改善，现代化应当包含快乐人生与情趣人生的建构，在规划这样的人生需要向古人借鉴的时候，一定别忘了袁宏道这些充满睿智的论述。

《灵岩》中的美女话题

苏州灵岩山景色秀丽,自古就有名气。清代乾隆皇帝行幸江南,地方官为了方便圣上亲临,用青砖筑了宽宽的御道,如今这条山路仍然保存完好。乡间旧俗,正月三,爬高山,幼时的我就住在山下的一座古镇上,灵岩山是新春节庆的必到之地。袁宏道性喜山水,任吴县令,这样的名山岂能错过,一到便被这里的风景、文物深深吸引,留下了一篇耐人寻味的短文。

灵岩山高不及百米,山形颇似一头巨象,古时这里曾开采石砚,故又称石砚山。御道上建有继庐、迎笑、落红三个凉亭,供游人歇息,都有名人题额,还有不俗的楹联。经过三个亭子便到了山顶。山顶平旷,料是吴王馆娃宫的旧址。现在这里是一所大庙,其名与山同,晚唐诗人李商隐有诗记之,因知那时便已有庙。宫毁成庙,色即是空,世道轮回,山上的变化应了佛家的谶语。寺旁有一座很大的花园,园中有袁氏文中所说的吴王井、浣花池,相传是吴王旧游之地。寺东侧据说是响屧廊旧址,如今已经看不到一砖半瓦。寺后有琴台,是山的最高处,也说是西施当时抚琴之所。设座于此,太湖目力可及,湖中的岛山、过往的船帆一览无遗。太湖之南,便是美人的故乡,高台抚琴,琴声里想来必多思乡的愁绪。英雄自古多情,吴王是个体贴的男人,弯弓一箭,命人按箭道凿一运河,直通太湖,猜想当时曾与西施相约,择日同去越地省亲。只是夫妇尚未荣归,吴已为越所灭。一箭河、采香泾遗迹尚存,吴王、西施却已化为袁文中的"尘土"、"白杨"、"青草",再不能见到这一对热恋中的旧人。

多说越国之能旋乾转坤,皆因美人计得逞,袁宏道的这篇《灵岩》由此起兴,说齐国有不嫁之姐妹,管仲以为无碍霸业;刘禅后宫并无绝色美女,却让司马昭轻松擒去。"亡国之罪,岂独在色?"袁宏道的这一问,理直气壮。唐代罗隐有诗:"家国兴亡自有时,吴人何苦怨西施。西施若解倾吴国,越国亡来又是谁?"其实好色并非原罪。清人袁枚请来孔老夫子作证,认为好色不一定就是坏人,不好色也并非一定是好人。袁枚在秦淮湖畔勾留,被人目为好色,大约因以自辩。袁宏道则从亡国之祸、非色之罪,进一步探讨王朝兴亡的原因,"向使库有湛卢之藏,潮无鸱夷之恨,越虽进百西施何益哉!"这是理性的归纳,认真严肃,找不到一丝性灵的浪漫。鲁迅是"五四"新人,维护女权不遗余力,有人将亡国的罪责推给女人,鲁迅对此颇为不屑,说:"我一向不相信昭君出塞会安汉,木兰从军就可以保隋;也不信妲己亡殷,西施沼吴,杨妃乱唐的那些古老话。我以为在男权社会里,女人是绝不会有这种大力量的,兴亡的责任,都应该男的负。但向来的男性的作者,大抵将败亡的大罪,推在女性身上,这真是一钱不值的没有出息的男人。"(鲁迅《且介亭杂文·阿金》)总起来看,为女人鸣冤叫屈的都是古代的智者。罗隐、袁宏道、袁枚,尽是些名噪一时的人物。《长恨歌》将唐明皇与杨贵妃的事迹渲染成一则动人的浪漫故事,显见白居易也不认同女人祸国的论调。从西施的遭际来看,一个本本分分的乡村姑娘,原本大约只想择一好好的人家嫁了,男耕女织,相夫教子,平平安安地度过一生,谁承想被当局看中了,将其作为政治贡品献给夫差,背井离乡,之后又遭逢丧乱,竟然不知所终。西施的不幸难道不值得同情?说是祸水还不如说是牺牲,难怪文学作品中多有对被遣绝域和亲女子的同情。

小小一座灵岩山，因与吴王、西施有缘，遂成言说不尽的话题；又因为它是家乡的山，只要有人言说，无论说是说非，我总会有一种亲切的感觉。

顶级票友

夜深人静,月色清朗,未经主人允许,闯进本属方外、极是清静的禅院,自说自话地摆下场子,装扮起来,粉墨登场,大吹大擂,硬是过了一把戏瘾,你说这样的票友酷不酷?而这场闹剧的导演与主演便是生活于明末清初的富家子弟张岱,张岱兴发而来、兴尽而去,不要喝彩、不用鼓掌,这样的做派突破了梨园的规矩,称得上是另类的票友。

那是崇祯二年(公元1629年)农历八月中秋后的一天,张岱北上省亲,路过江苏镇江,系舟于坐落江边的金山寺。此时江面上高挂着一轮明月,江波染着月色浩浩东去,这一幕让张岱受了感动,遂舍舟登岸,逶迤进了金山寺。只见寺里树影斑驳,万籁无声,抚今追昔,顿生感慨,一时兴起,便命童仆去船上携来戏具,盛张灯火,穿上戏服,就在大殿上唱起了韩世忠和梁红玉击鼓金山、大战兀术的戏文,当年的活剧得以在艺术中再现。

时已深夜,金山寺一霎时鼓乐齐鸣、竹肉相发,好不热闹,寺里的僧众当时还都在熟睡,被这突如其来的声响惊醒,擦拭着惺忪的眼睛,懵懵懂懂,趿着鞋皮,循着声音便寻了来,见有人在灯火通明的大殿前穿着古怪的服饰咿咿呀呀地唱着、舞着,睡意未消的僧人个个面面相觑,不知眼前这些人是神还是鬼。

张岱尽兴演罢已是晨曦初露,收拾行头、举棹远行,竟没有一个和尚敢于上前盘问来历,更没有一个和尚出头阻其从容离去,大约都还沉浸在一片惊愕之中。张岱金山寺上演的这一票,你说绝不绝?

因为这出格的一票,引起我对张岱这位古人的兴趣,查资料读到他的自题墓志,感觉一下变得复杂了起来。不妨先读一读墓志原文:

> 蜀人张岱,陶庵其号也。少为纨绔子弟,极爱繁华,好精舍、好美婢、好娈童、好鲜衣、好美食、好骏马、好华灯、好烟火、好梨园、好鼓吹、好古董、好花鸟,兼以茶淫橘虐、书蠹诗魔、劳碌半生,皆成梦幻。年至五十,国破家亡,避迹山居,所存者,破床碎几,折鼎病琴,与残书数帙,缺砚一方而已。布衣蔬食,常至断炊……

文人好为自己作身后的墓志,并不奇怪,墓志中的前半段话,给我一种似曾相识的感觉,一细想,记起来曾在袁枚的《所好轩记》中见过,袁枚于该记中自称"好味、好色、好葺屋、好游、好友、好花竹泉石、好珪璋彝尊,名人字画,又好书"。张、袁二人所好庶几相同,但人生经历却判然有别。袁枚二十七岁科考得官,在江南做了多年知县,宦囊丰厚之后,便欲卷勤,因为性喜热闹,选择繁华的六朝古都金陵落脚,平时不拘细行,南京的百姓因此经常能见到他秦淮河边挟妓冶游、招摇过市的身影。袁枚风风光光生活了几十年,虽然行事不合礼法备受道学家们的诟病,却因得到权势者的庇护而获善终。出生在钟鸣鼎食之家的张岱就没有那么幸运了,前半生因受祖荫,吃喝玩乐,纵情声色,享尽荣华富贵,五十岁后遭逢国难,家财尽付劫火,又因以遗民自居,不与新朝合作,避居山林,常至衣食不继。然而张氏不以为苦,国变之后,学问博洽、功力深厚的张岱变换心态、发愤著书,写出了《陶庵梦忆》《石匮书》《夜航船》《琅嬛文集》等不朽名著。思量张岱前后迥然不同的人生,让人顿生种种感慨。都说由奢入俭难,一个过惯了声色犬马、锦衣玉食生活的富家子弟,原来也一样有自己人格底线的坚守,忍饥受冻二十余载,毫不抱悔,其中滋味,局外人又如何能够体味得了?而晚年留下的那些诗心文字又使当事人获得了精神的拔擢，并因此毫无愧色地列名于中国文化史的凌烟高阁。

我觉得钦佩晚年的张岱，也更能欣赏他年轻时的率性。读《陶庵梦忆》，知道一个隆冬飞雪的深夜，作者望着窗外漫飞的大雪，兴致勃发，命人驾船直趋西湖，这举止真的有点疯狂。舟子因有"莫说相公痴，更有痴似相公者"的感叹。一个"痴"字，确是此处人物性格最贴切的形容。金山寺的玩票、牛首山的夜猎，不也缘于那一个"痴"字？读《琅嬛文集》中《五异人传》，终于了然，作者向往的正是性情中人的活法。张岱声称："人无癖不可交，以其无深情也；人无疵不可交，以其无真气也。"在张岱看来，有癖、有疵，才是真实的人生，才是有自家性情的人生，而癖与疵也成了解读张岱早年出格做派的锁钥。与癖与疵挂上钩之后，早年的荒唐与暮年的坚守，都变得合乎逻辑、可以理喻了。

戏说戴名世

一般认为戴名世不够"谐世",特立独行、不善与人相处,说这也是他最后罹祸的重要原因之一。读《戴名世集》,觉得这样的认知太浅、太偏,并不符合实际。戴名世不是预言家,但他的被害,居然为其自著的寓言《鸟说》言中,即:托身非所。参加科举考试能够与人一争高下,可见戴氏确是位满腹经纶的才人;虽然生前迭遭不幸,其实也是一个很有情趣的人,他文集中的不少篇什兴会淋漓,充满幽默,足证他不是冬烘式的人物。试结合戴氏集中的小品散文略作透视。

一

《醉乡记》托言误入醉乡,借机大骂刘、阮之徒,寓意深刻,但读起来让人忍俊不禁。文章一开始就用夸张的文字描写作者误入醉乡后的恍惚:"颓然靡然,昏昏冥冥,天地为之易位,日月为之失明,目为之眩,心为之荒惑,体为之败乱。"经过打听始知误入了醉乡,这就为他表达对醉的不齿和抨击刘、阮之流打造了一个合适的语境。在戴氏看来:神州陆沉,中原鼎沸,刘、阮这班饱读诗书的士子,不思报国,居然放纵恣肆,相率溺于醉乡,这等行止有什么可以值得夸耀的?事情不就是这样吗?刘、阮顶着"竹林七贤"的光环,被人目为士林中的高人,怎么能眼睁睁地看着司马氏为实现篡逆对知识界大搞顺我者昌、逆我者亡的恐怖统治装糊涂?从戴氏早年对清政权的抵触情绪里,可以知道他对刘、阮做派的不屑是件非常自然的事。

说到酒,我想到同为文苑趣人的郑板桥,郑氏生性好酒。他在范县为官,政通人和,讼事稀少,喝起酒来格外放纵,醉后拍桌高歌,被人视作癫狂。妻子饶氏知书达礼,晓以大义,说:历来只有狂士狂生,未闻有狂官。一句话劝醒了这位本质上只是书画名士的郑板桥,郑板桥理性回归,意识到官身与名士的分际,从此只在晚间下班回家后一亲此物。他率性惯了,有时酒瘾上来,不能及时满足,总觉委屈,遂将靴帽视作桎梏。不过,笔者更相信酒不醉人人自醉的说法,喝酒只要不越界,误事的概率极小。李白、杜甫都嗜酒,喝过了,哀乐爱恨一如平常;刘、阮假托酒醉、放浪形骸,只是装糊涂而已。

《醉乡记》乃一篇不足四百字的短文,但作者一唱三叹,将对"醉态"的鄙视表达得酣畅淋漓。有人说醉可以解忧,戴名世则认为忧不可解,可解,就不是真忧。而那些甘愿沦入醉乡的人,"皆无忧也"。刘、阮之流倘若心存君父、黎民、天下,怎会自甘堕落?而醉乡有人、天下无人的喟叹,让人觉得好像是听到了两千年前屈原的声音。《醉乡记》体现了戴名世的儒家立场,康熙也崇儒,戴氏死得真冤。

二

我写过《家居杂感》(此文收入《来去斋随笔》),文中描述了过敏体质的我受困于蚊子的惨状。深圳蛇口靠着海湾,这里的蚊子很有特点,色黑、体小、无声,盯上了目标便直奔主题,冬天仍有漏网的余党,我与蚊子的周旋堪称是一场没有尽头的悲剧。读《戴名世集》,发现戴氏也深受蚊子的困扰,书中《讨夏二子檄》历数蚊子、苍蝇的累累罪行,语言生动,感受真切,引起我极大的共鸣。文章亦庄亦谐,也足以为戴氏文章活泼、风趣佐证。奇文共欣赏,兹摘引于下,供读者一笑。

盖闻群飞可以刺天,聚蚊可以成雷,谓正伤于邪,而害起于微也。夏有二子,生负不洁之形,徒开可憎之口,乘时并起,敢为侵暴,彼出此入,平分昼夜,各自摇毒,互相召乱。于是奔赴蒸炎,沉溺涸浊,嗜腥逐臭,呼召曹偶,种其丑类,以子以孙,秽德既彰,见者皆唾。犹复挥不肯去,鼓翅而前,交足而立,左右奔突,玷污洁白,营营之声,乱人耳目。是以诗人恶其罔极,以为告戒。若夫遁伏于白日之下,叫号于晦冥之间,剥肤饮血,饱不思去,狠戾成性,踪迹莫测,其股不足折,而其翼不足塌也。徒以伺间蹈瑕,轻悍飘忽,乘人不虞,其毒在喙。

此二子者,岂其气运之使然,亦其贪污之自致,天心既厌,不使孑遗。于是秋高风劲,栗烈膚发,严威所及,百态震恐,万状销灭。听终夜而薨薨无声,坐闲昼而纷纷无迹,荡涤邪氛,扫除丑恶,岂不快哉!

二害肆虐,生灵荼毒,天人共愤。恶贯满盈,必至殄灭。戴文告诉我们:行善有善报,作恶有恶报,不过迟速而已,这就是正气浩荡、千古不变的天道,不信不行。行文至此本已完篇,忽然记起唐人刘禹锡也写有长诗《聚蚊谣》,品味诗意,我猜刘禹锡也必是过敏体质,长期遭受蚊子的荼毒。"沉沉夏夜闲堂开,飞蚊伺暗声如雷",一起头就是备受飞蚊骚扰、折磨的描写,结尾"清商一来秋日晓,羞尔微形饲丹鸟",与戴名世"荡涤邪氛,扫除丑恶"一样张皇正义,两位作者生不同时而声气相通。

三

经济有了较大的发展,人们富裕起来了,大家都这么说。其实真的富起来的还是少数,大多数人还在为衣为食、为栖身有屋苦苦奋斗,而富起来的,因为脱贫不久,大多有贫穷的记忆。《戴名世集》中有一篇《穷鬼传》，对穷鬼先驱后留，两面透视，别出心裁，读后颇受启发。

戴名世大半生设塾教书，穷困潦倒、为生计所困。读《穷鬼传》可以帮助我们了解封建时代下层知识人平居生活的窘状和他们不甘于沉沦、在艰难的环境中为维护自己的人格所做的挣扎。

唐代"文起八代之衰"的韩愈就写过《送穷文》，竭尽自嘲之能事。戴名世的《穷鬼传》与韩文声气相通，又做了新的渲染，称自己的穷状已经扩展到生活的各个方面，即所谓：言穷、行穷、辩穷、才穷、交穷，于是在家家穷、在邦邦穷。在被贫穷折磨的戴氏眼里，穷自然一无是处。但穷鬼不愿受主人的鄙视，也有一通让人信服的告白，主旨是穷有穷的好处。诗穷后工，穷使人歌、使人泣、使人激、使人愤、使人独来独往而游于无穷。独来独往、游于无穷，是庄子"逍遥"的境界，凡夫俗子罕能企及。穷，一无所有，让人少了顾忌、没了束缚，想说啥就说啥，想做啥就做啥，率性自由。穷的好处还不止于此，读书人毕生追求不朽，立功、立德、立言是三不朽。穷鬼替人别寻门径，说还有四不朽，穷也能让人不朽，韩愈被穷附体，从此不朽，这穷的好处不是明摆着的吗？

穷鬼的这些说辞当然颇多争议，反正戴名世是听进去了，从此与穷鬼朝夕相处，穷而著书，写出来的文章亦歌亦哭，被人推为桐城派的世祖，虽然后来获罪杀了头，结局悲惨，却因穷而立言获得不朽。《穷鬼传》语带笑谑，这只是表象，表达的仍是严肃的道理，揣度作者心思，《穷鬼传》正经想说的，应是没有钱虽然让人困苦，但人穷志不穷，生活就有希望；反过来，精神一穷，有钱也只似行尸走肉、白活而已。

听方苞说犯错与防错

王安石、方苞都写过《原过》,王安石写《原过》阐发迁善改过的道理,在这方面前人其实已经说了很多,很难有新的突破;倒是方苞的《原过》别具只眼,小文章说出大道理,读后让人增强避错、防错的意识,堪称功德无量。

人非圣贤,孰能无过。这是经常挂在人们嘴边的一句话,乍一听,像是帮腔透过:人谁无过,大家彼此彼此,不必深究。幸而话还有下半句,接下来:过而能改,善莫大焉,将问题引向了正轨。不过听话听音,如此理直气壮地肯定犯错误的必然性,不将注意力投向探究犯错误的原因、尽力避免错误的发生,不也很有片面性吗?防错的关键是知道出错的原因,这是治本的办法。古人常讲"开卷有益"的道理,一查书,读到了方苞的《原过》,原来桐城派的这位文章大家早就以这样的视角思考过相关的问题。《原过》不过三四百字,却自有其过人之处,即将排查出错的原因作为讨论的重点,在防错、纠错方面有很多精深的见解,针对性很强。

方苞这篇文章有两处值得注意,一是分析犯错误的原因时,跳出了由认识局限设辞的窠臼,认为识力受限固然是犯错的重要原因,但比较起来,心志缺陷——"自知而不胜其欲",才是将人推向不义的最大杀手。二是认真考察了各种犯错误的主体,作了细致的归类,分为君子犯错误、众人犯错误、圣人犯错误和小人犯错误四个大类,方便读者与之对照,从而找寻到适合自己的避错、防错方法。

对君子犯错误方苞似有较多的开脱，认为君子犯错误的原因，"值人事之变而无以自解免者，十之七；观理而不审者，十之三"。观理不审属于认识局限，凡人都会有这样的局限，难以完全避免，但这只占十分之三，分量很小。人事之变的情形则比较复杂。譬如与方苞相熟的戴名世因《南山集》获罪，问题出在此人参加了科举考试，得了清朝的官职，却以明遗民的眼光接物说事，对错系于立场；立场一转，是非即刻易位。司马迁之遭腐刑亦复如此。汉武帝已经雷霆震怒，司马迁不识时务，以为据理，因而力争，在皇帝耳边"强聒不已"，逆人主圣意，分明是自取其祸。后人同情他的遭际，但认同他"冒死极谏"的意见却不常听到。此外受情势的逼迫，也是君子出错的常态，当事人犯错其实都有不得已的苦衷。阮籍为司马昭写《劝进表》是史学界的一桩公案，看相关的讨论文章，学者们较多分歧，有说写，有说没写，说没写的，我感觉多因惜才，为贤者讳。读《原过》，让我懂得了解读此事的关键。阮籍生活的年代正值魏晋易代的"人事之变"，大将军执政弄权，擅作威福，实行恐怖统治，阮籍就是写也是被逼无奈。由此可见，君子出错不仅概率小，即使出错，大多也有可以谅宥的原因，一部分是"无意蹈之"（观理不审），一部分是情势使然，方苞为君子脱罪的理由应该是充分的。

方苞认为众人（平常人）犯错误，看不清、弄不懂，认识局限也只占十分之三，但其余十分之七，问题就比较严重了，是所谓"自知而不胜其欲"。这便是心志的缺陷，犯错是因为不懂得自制，经不住欲望的诱惑，心存侥幸，知道不对又忍不住要干，一出手就铸成了大错。这与君子观理不审和情势使然不啻有天壤之别。虽然众人犯错误的概率很高，但方苞认为慑于礼法，心存恐惧，众人不敢为大恶，只是出点小错而已。或者是要耍谎、占点小便宜，或者是把人视作对手，出于嫉妒，阴损一下。这方面的情形"五四"时期鲁迅的国民性批判有较多涉及，可以参考。但古人早就说过，莫以恶小而为之。做多了习以为常,收不住手,天长日久,小错积多也会成为大恶。

"下乎众人而为小人","皆不胜其欲而动于恶",天天在干坏事的是一帮宵小,在方苞看来这是本性使然。小人因为"不胜其欲",便任性胡来,事前还为自己找出种种可以作恶的理由,"姑自恕焉",脱罪之后便没了顾忌,说出手就出手。出手以后,又觉得既已下水,湿了身子,不必再找退身步,从此在作恶的泥潭里越陷越深。这就是方苞所说的"服物之初御也,常恐其污且毁也,既污且毁,则不复惜矣"。新衣服上身,很经心,稍有污损便心痛不已,穿久了,就不再爱惜。梁山人物杀人放火,但都被《水浒》作者施耐庵提升到"忠义"层面脱了罪,不过从他描述的这些人的行事方式中,读者是可以看到他们本来的面目的。时迁是惯偷,路过是非之地祝家庄,已经为人留宿,住下了,吃上了,本可以安安稳稳住一宿开路,禁不住口腹之欲的驱使,自以为技高,虎口觅食,终于酿成大祸。时迁祝家庄做贼印证了方苞"不胜其欲而动于恶","既污且毁,则不复惜"的断论。大凡不良之辈总是心存侥幸,以为干坏事只要隐秘就能安然过关,忘记了若要人不知除非己莫为和"伸手必被捉"的道理。南北朝时西凉刘昞为刘劭《人物志》作注,直言"小人以小恶为无伤而不去,故罪大不可解,恶积不可救"。当前反腐中揭发出来的贪官索贿、纳贿的案件,大多是积小恶成大罪,一步步堕落下去的。

生活中圣人罕有,其犯错误又多因人事之变,方苞未将其作为论析的重点。笔者阅历有限,不曾遭逢过超凡脱俗的圣人,只能仿效方苞置之不论。

接下来,方苞从心志缺陷很自然地说到人的修养,认为君子、大众、小人看事物的立场、眼光不同,处事接物也有自己的类属特征。君子自律甚严,"日三省乎己",将众人眼里的小恶放大了许多,戒慎恐惧,犯错的概率就小得多,即使犯,程度轻,一点点小错,一反思,马上察觉,知过能改,亡羊补牢,不致一失足成千古恨,出现无可挽回的全局性的大溃败。小人则不然,平常人认作十恶不赦的罪行,在他们眼里只是鸡毛蒜皮一点小事,没啥大惊小怪,"故悍然而不能顾",铤而走险,终于滑向危险的深渊,直到恶贯满盈,被人清算。

　　生活中最多的是"众人",据方苞的提示,要避免出错就得加强自律,时常作扪心自问的检讨,三思而后行,决不"苟以细过自恕而轻蹈之",如此持之以恒,最后总能如愿以偿进入从心所欲的佳境。由此可见,经过对过错出现原因的分析,在提出了避错、防错的建议之后,方苞重又回到圣人深自检点、时时反思的修身轨道,但这时已是带着理性自觉的回归,归来的已是一个大写的好人。

曾国藩的两副面孔

毛泽东年轻时心气颇高,"粪土当年万户侯",确有天下英雄舍我其谁的气概,但自尊不是自大,青年毛泽东也有自己崇拜的偶像,那就是曾国藩,曾有"独服曾文正"的告白。我读过曾国藩写的文章、日记、尺牍,也读过关于他的传记,非常敬服这位挽狂澜于既倒,让一个正在陆沉的王朝起死回生的近代儒生。曾国藩文武兼备,他的文章继承桐城派的衣钵,强调载道,他为征讨太平天国传檄天下的文告标榜的也是对传统文化核心价值的坚决维护;他的日记、尺牍尽是立于纲常伦理的自省与对子弟的训导,一股浩然正气扑面而来;有关他的传记侧重介绍他辉煌的事功,对他的情感世界较少涉及,因此曾氏给人的印象就是一个秉持礼法、缺少情趣的理学大师。其实大师也是人,既有理性的秉持,也有很感性的情趣。李鸿章的回忆文章里就有曾氏幽默风趣的生动描述。孔子不删《诗经》中的爱情诗,为见南子事,向子路发天打雷劈的毒誓,不拒绝"从众",体现的也是这样一种品格。对曾国藩,我觉得也不妨从多个侧面进行观察,还原其真实的形象。

曾国藩一生文治武功,理应入列凌烟高阁。他平日倡导修身,责己甚严,又强调践履;不厌其烦地给子弟们寄去一封封家信,对持家、处世、待人都有反复的叮咛,说他是古今完人,并不为过。他的"三耻"说,给我的印象最深。

曾氏信奉儒家教义,"日三省乎己",经常在自己身上挑毛病。虽然功成名就，凡人只要愿意检点，哪能找不到毛病？这不，一番自审之后居然还有"三耻"之憾。曾氏说他生平有三件事未契其心，引以为"耻"，还在给大儿子曾纪泽的信中再三嘱咐，让其发奋，替乃父雪耻。曾氏所说的"三耻"是：不通天文算学；做事往往有头无尾、不能持之以恒；字写得不好。曾氏"三耻"之说，虽然言之凿凿，相较于事实其实还是有不小的出入。

我觉得准确地讲，曾氏对天文算学并非一无所知，从他教子时的情形看，应是略知，未及深通。想想看，科技发展、学科细分，要做百科全书式的学者谈何容易！曾国藩书读得多，书生本色；后来从政成为政治家，竟将清廷各部主官都做了一遍；以后因缘时会，投笔从戎，成为大军统帅，久历戎行，既有学又有行，居然还有兵书行世。这样算下来他这一生已经跨了好几个学科了，称其博学多能大约也不为过。但曾国藩却还意犹未足，与子弟书中常有自责之词。比起曾氏来，今人的知识结构需要反思的地方更多。拿笔者来说，考大学时数学只得了二十来分，算学不通是显见的事实，还差点影响了自己的前程，现在想起来还引以为恨。因为人文、自然有学科界限，不通数学还可以自慰，但名忝学林却不谙佛法、不懂《易经》，难道也能得到原谅？

有始无终，恐怕也是曾氏对自己的苛求。即拿他与当时席卷东南、所向披靡的太平军作战来说，刚上战场时，曾国藩也是连吃败仗，但他屡败屡战，不屈不挠，终于训练出一支虎狼之师，石头城破，东南底定，十年征战，经历了无数的风雨，终于毕功，怎能说做事有头无尾。倒是我们这些人做起事来，往往浅尝辄止，稍有成绩便沾沾自喜，难得至善，更无论臻于极境。

至于写字，讲论起来真是羞煞了人。20世纪90年代电脑开始代替手写，如今的年轻人能写一手好字的恐怕十个人中也难以数出一两个来！倒是曾国藩幸存的墨宝，倘为真迹，一定价格不菲。我觉得名人只是原因之一，曾国藩的字是练过的，很见功力，极有可观；他指导儿子时着眼于墨色、执笔，说的都是内行话，足以证明他的书法造诣超出常人许多。相比之下，今天的那些所谓名人，因有名位而生"底气"，笔力平平，居然敢到处涂鸦，倘还有点花拳绣腿的功夫，更是张牙舞爪，不可一世，其境界与曾氏相比实在差得太多。

可见曾氏"三耻"，多半是自谦，但也体现了理性的秉持。严于律己且有自知之明，确是做人的千古至理。曾国藩以"三耻"为家族中的子弟说法，平时严格督促，曾氏门下，出了许多活跃于各个领域的有用之才，其教子之道也颇为后人称羡。

至于曾国藩的感性一面，单从他赠给秦淮烟花的一副对联便可略知端倪。

英雄自古多情，曾国藩虽然被人尊为古今完人，却也不是例外。联句是这样写的："未免有情，忆酒绿灯红，一别竟惊春去了；谁能遣此，怅梁空泥落，何时重盼燕归来。"联句写得很悲情。都说吟诗弄文皆为有感而发，联句中肯定藏着一个让曾国藩伤心的故事。联句文化含量极大，较多出处，其中意境让我联想到唐代的一位多情的才子，感觉上联"未免有情，忆酒绿灯红，一别竟惊春去了"，与刘禹锡"清江一曲柳千条，二十年前旧板桥。曾与美人桥上别，恨无消息到今朝"，异曲同工，表达的都是物是人非的怅恨。而下联梁空泥落、燕子去来的意境亦能见到"旧时王谢堂前燕，飞入寻常百姓家"的影子，又同刘禹锡有关，表达的是作者深深的惋惜、失落之意。一将功成万骨枯，曾国藩人称"曾剃头"，久历戎行，一生杀人无数，想不到竟也这般柔情，与唐代的那位风流才子有着极深的渊源。推想盼燕归来，指代的大概正是秦淮河畔让曾国藩魂牵梦萦的一位美人。我当然知道，将曾国藩与唐代才子相提并论不免会贻人口舌，多少有点亵渎中兴名臣、古今完人的意思。但传说中竟也有曾国藩开府金陵、泊舟秦淮、适兴冶游的事。其实狎妓、喝花酒，在清代士人甚至官员中非常普遍,例如同为中兴名臣的胡林翼年轻时便常在秦淮河边厮混。清宗室宝廷是有名的清流人物,道貌岸然,不仅狎妓,而且娶妓,还闹出了很多笑话。看来大贤不拘细行一语,完全可以用来为曾氏开脱。

那么现在我们再回到联句所包含的那个故事:在夜色苍茫的秦淮河上与一位章台女子推杯换盏、眉目传情,又专门结思联句相赠,表达惜别的不舍,这不是我们经常在古代戏剧里看到的才子佳人的风流韵事吗?只可惜曾国藩名气太大,为贤者讳,他的这点本不该苛责的雅好,早就被人忽略掉了。但这么一忽略,曾国藩便只能是完人,而不是真人了。

鲁迅三题

一

据说鲁迅喜欢中唐诗人李贺,不大喜欢杜甫。

李贺遭际独特,大概也严重影响到他的性格,他的诗风怪异,充满了诡谲的气息。鲁迅微时的身世也极坎坷,他喜欢李贺、引以为同调是很自然的。但鲁迅不喜欢杜甫却让人百思不得其解。杜甫的诗在整个有唐一代的诗人中,应该是首屈一指的。

如果你说杜甫的诗有腐儒气、说教味,诗里"致君尧舜上,再使风俗淳"的话不中听,那么鲁迅不也有"寄意寒星荃不察,我以我血荐轩辕"的激情表达?再说,忠君、爱国,也只是杜诗的一部分,杜诗中蛮多生活气息很浓的作品,像《江村》"清江一曲抱村流,长夏江村事事幽,时来时去梁上燕,相亲相近水中鸥",《春夜喜雨》"好雨知时节,当春乃发生,随风潜入夜,润物细无声"之类,都是文情并茂、极有可观的好诗。

我们知道鲁迅首肯的创作宗旨是启蒙,那么杜甫诗表达的意思深沉、真挚,是可以发挥启蒙的作用的。像"王侯第宅皆新主,文武衣冠异昔时";"丛菊两开他日泪,孤舟一系故园心。"都是深蕴史识、发自肺腑、感人至深的文句。

也许鲁迅不满意杜诗的"做",是的,与李白的不做,杜甫确实是做的。但杜甫做得很有特色,在他的诗里,做得严谨与做得自然浑然一体,借用王世贞评谢灵运的话,就是:"秾丽之极、反若平淡,琢磨之极、更似天然。"闻一多将之比喻为戴着脚镣翩翩起舞，踩着节拍、舞姿如此优美，人们怎么好意思用"做"来批评他？偶尔杜甫也露出率真的一面，譬如有人批评他《登高》中的尾联未加文饰，其实像《秋兴》中的"鱼龙寂寞秋江冷，故国平居有所思"也有意不作雕饰，唯其平实，才足以促人深思、感发兴起。

二

年轻的时候就听人说，周作人晚年一直在消费鲁迅。

20世纪20年代初，本来关系非常亲密的兄弟突然反目，周作人此后所写的文章不时夹有对乃兄的讥刺与攻讦，恶语相向。共和国建立后，周作人以戴罪之身苟活于北京的民居中，依然家累沉重。虽然有人民文学出版社预支的稿费，与市井人家相比，收入已属不菲，还是不够用，无奈之下便打起了鲁迅的主意，卖鲁迅、吃鲁迅，将鲁迅的家世、生平事迹、作品中的故乡人事，写成小块文章，投给境外的刊物，换来稿酬补贴家用。细究起来，那只是一个人吃，偷偷地吃，小心翼翼地吃，没啥大的影响。近日去绍兴，当地人自称是鲁迅故里，做足了鲁迅的文章，那才是大张旗鼓地吃、全方位地吃呢！与这样的大阵仗相比，周作人对鲁迅的消费，实属小巫见大巫，何足道哉。

绍兴并非只用鲁迅故乡牌子来招徕游客，而且还动足脑筋来经营与鲁迅相关的产业，用现在流行的话讲：把鲁迅的蛋糕做得更大。一到绍兴，一抬头就看到了高耸入云的"咸亨酒店"，据说这是绍兴城里为数不多的五星级酒店，想必一定是日日客满生意兴隆。中国人向来爱凑热闹，住客中肯定有不少是冲着咸亨酒店的豆腐干、茴香豆和绍兴的花雕、女儿红而来。

鲁迅故居所在的那条街被打造成参观、游览、购物、吃喝一条街。一路走过去，先是三味书屋、然后是旧居院落，再下来是百草园，最后是气派的鲁迅博物馆,而购物的店面夹于其中,插科打诨,真是配合得天衣无缝。梅干菜、花雕酒、香糕、五香豆,都是美食,大包小包拎着,一条街走到头,已经很累了,累了、饿了,街口就是小咸亨酒店,据说那是鲁迅当时的旧物,很稀罕的,你不在这里喝一盅,能算是来过绍兴吗?生平走过许多地方,细细想来,无论怎样努力,形而上的文化气息多半斗不过形而下的商业气息。

三

鲁迅日记我只读了《鲁迅全集》中的两册,《鲁迅全集》是人民文学出版社编选,鲁迅成为现代新文学的旗帜,也有他们的一份功劳,自然要为贤者讳。日记经过精选,日常琐事的记录都已经删去,更无论有损形象的文字,那一定是束之高阁、秘不宣人。"招妓略坐而去"是凤凰网摘引《鲁迅日记》中的原话,网友看到的肯定是全本《鲁迅日记》。我料想,鲁迅也许不会知道死后他会变成神,要是知道,他对白纸黑字留下这么一笔也会十分犹豫的,不写,有违自己做人诚实的一生秉持;写吧,辜负了粉丝们对他的期盼。不过我倒因此有些喜欢鲁迅了,觉得他不仅是个有血有肉的平常人,也是一个襟怀坦白、敢于承担的人。

话虽然这么说,身为男人出门召妓,"略坐而去",岂能仅从字面上去理解?鲁迅虽然实诚,但笔触也不能过于放纵。大家都是过来人,其中宛曲肯定是能够体谅的。居家过日子,总是要留有余地,即使是写日记,有时候秘文外泄,也会惹上麻烦的。您不妨想一下,男人们避过家人悄悄出门,专门招了妓,再略,也得半个、一个时辰吧;坐着如果没有内容,肯定很无趣的,如果很扫兴,鲁迅也不会将其载入日记了,肯定有不少趣事,很难忘,情动于中,才会留下这么一笔。猜想略坐的内容吧,是与来人聊天?想想也不可能啊。鲁迅是什么人，人家是学富五车的人中俊杰，一个偌大的中国也很难找出第二个的呀。姑娘虽然面孔标致，但在这个行当中执业，能有多少文化？难不成上海滩上又出了一个才高八斗的柳如是？既与鲁迅聊不起来，那半个时辰还能干坐着？那可是要付费的。据我所知，鲁迅并不是一个用钱很粗放的人，来了稿酬、付了赞助，日记中从来不忘记上一条。这点与同时的胡适颇不同。

　　这么说好像我硬是要给鲁迅编排点什么，其实时过境迁，笔者绝无半点恶意，再说座中还有同伴，我只是想到了一些相关的道理。浪漫算不得男人们严重的过失，陈独秀不是经常去八大胡同消遣吗？胡适不也曾经热热闹闹跟着徐志摩、梁实秋这些人打过茶围吗？人们即使知道有这些事迹，好像也没有损害到陈、胡两位大师的形象。谈论古人，我觉得还是实事求是的好。这样说人，感觉更加真实、更加可信。

金陵怀古

回眸秦淮,就如同打开了古都金陵这部厚重的大书,这里埋藏了太多的历史宝藏,虽已经多少代人的开掘,却依旧是一座让人神往的文化迷宫。当你独自静心去翻阅这本尘封的大书时,一定会有别样的收获:割据的都城,血腥的杀戮,北来的征帆,宫女的舞步,人物的沉浮,绚丽的诗文,一一浮现,读到动情处,止不住怦然心动。

我与南京结缘已是三十多年前的事了。当时改革开放刚刚艰难起步,城市尚是旧貌,我所在的建邺路那时只是一条窄窄的街巷,脏水漫溢,四周都是低矮的民居,灰蒙蒙地挤作一团,让人感到压抑。国庆假期,大家相约去东郊游览。车子驶出中山门,眼前豁然开朗,风物陡变,植被丰茂的钟山,峰峦起伏,道旁松风扑面,空气中似乎充满了庄严肃穆的因子。当我们来到仍然威风凛凛地侍立在旷野中的帝王陵前的石刻面前,当我们看着群山怀抱里掩埋着的曾经叱咤风云横行江表的历史人物的那一个个或大或小的坟堆,自己仿佛被引领到了历史被创造的那个现场,觉得自己与这些际会风云的人物离得那样的近,仿佛进入了他们依旧磁力强大的气场,感觉到他们运筹帷幄、决胜千里的气度与胆魄,瞻仰他们登临送目诗酒唱和与高标风节的人生。在这一刻,呼吸像是要停止了,心里满是对这些长眠于地下的古人和他们彪炳史册的功业的敬畏。他们代表了这座城市的历史,是这座城市昨日的灵魂。

在南京生活久了,自然会经常接触到那些描写金陵的诗文。我发现古人对金陵的题咏，弥漫着诗意的忧郁。"伤心千古，秦淮一片明月"，感伤的根源，原来是一条汇聚了厚重的文化因子的河流和高悬在它上空的那一轮既照古人又照今人的凄清明月。前人的怀古之作意境凄迷，深有寄托，诗人们用金陵深受文化熏染的风物，装点了一个个关于"六朝"的梦。

秦代的南京只是一个名为金陵邑的小镇，传说自秦始皇发现了此处的王气，着人开凿秦淮，小小的金陵邑便热闹了起来。

秦淮河从南京的东南方向流向城区。一路在武定门外绕城西行，至凤凰台掉头北上，流入长江，俗称外秦淮河；一路则由通济门经桃叶渡进入城南市区，逶迤十里，这就是内秦淮河，内秦淮地区是旧日的欢场，然而正是这片欢场，在展现都市的繁华和推出名目繁多的冶游享乐项目的同时，也目睹了封建王朝的兴衰，士子们的沉浮和金陵苍生的颠沛流离，乱世男女的悲欢离合。

人们不禁会问：秦淮河流淌着，它那包藏阴谋的河水，真的销蚀了金陵的王气？

自秦皇东巡，至此已经过去两千多个年头，如今再回过头来看秦始皇开凿秦淮，虽然，"坑灰未冷山东乱"，他那个将王业传于万世的梦想成了泡影，但秦淮果然凿坏了金陵的风水。

秦淮河将长江的滚滚波涛、钟山的磅礴气势化作风情万种的媚笑，使那些沾上了秦淮河水的政治强人，消泯了往日金戈铁马、驰骋疆场的雄风，变得柔情起来、缠绵起来，终于在河畔醉卧不起。秦淮河滋养了金陵畸形的王气，也成了埋葬一个个短命王朝的坟地。

龙蟠虎踞的金陵，为何只能孕育短命的王朝和畸形的王业？

江南割据这幕大剧的主角当然是那些划江而治的王者。不过，他们在此苟安的日子一点也不轻松，面对强敌环伺，天天感受着提心吊胆的窘迫。中原失鹿，便扬帆南渡，来金陵落脚。登基的鼓吹余音未息，江淮那里的边报便接踵而至。疲惫的帝王们只好强打起精神忙不迭地打发金陵的子民们去戍守江防，或者要度日艰辛的苍生额外贡献子女玉帛，取悦其实无法取悦的强权。偏安之局成，蹈厉之志消。好不容易将局势稳定下来，惊魂甫定，便一头钻进秦淮河畔过起了逍遥的日子，在纸醉金迷的安乐乡里厮混。割据之主们戎马半生，他们驻足金陵，便在秦淮河边大兴土木，将江南的淑女珍玩、奇花异草网罗在秦淮河畔的崇阁高楼之中。于是，与破败的残山剩水形成巨大反差，秦淮越来越繁华，为士大夫们享乐冶游而建的青楼也越来越多。日积月累，临流梳妆的商女，终于用脂粉改变了秦淮的面貌与性格。六朝及后来南唐南明的割据之主们，于横刀立马、争衡中原无所用心，却从秦淮河的歌舞樽前习得了诸般风流本事，一个个成了风月场中的高手。东昏侯萧宝卷穷极无聊，便在宫中设市，男女杂处，他自己则甘心扮演一个屠户的角色。陈后主在金陵城中大兴土木，为他的宠妃们建造金碧辉煌的宫殿，颇有艺术天赋的他，又热心于指挥宫女排演御制的《玉树后庭花》，隋兵纷至，景阳魂断，难怪后人要将此曲斥为亡国之音。南唐李煜，一意填词，不问苍生，春梦未醒，便作了汴梁之囚，亡国之后，赋诗填词，悲悲戚戚，所系念者，无非是旧日时相过从的金陵名姬。秦淮因此背上了恶名。据说，东晋南朝时，士大夫们争效商女，涂脂抹粉，作女人之态。"金粉秦淮"，原来污染这条本来清绮的河流还有男士们的一份功绩。而南唐名士韩熙载在得悉李煜要他出面来撑持小朝廷的危局时，竟连日拥妓宴乐，颇有心计地用放浪形骸的秽行对帝王的诏命说不。经过岁月淘洗，南唐在金陵留下的印记正在褪去，但由当时的丹青高手顾闳中就着韩府通明的灯火速记而成的长卷《韩熙载夜宴图》却成了国宝级的文物，面对图上这位不知国家安危顾自享福的南唐老臣，即使是局外人也只能报以无奈的长叹，人人醉生梦死，南唐国又怎能指望被绵软的秦淮河水泡软了骨头、缺少血性的人来重振旗鼓、起死回生？秦淮河似乎只能豢养醉生梦死的酒徒与嫖客，一旦边声四起，小朝廷又能差遣谁去为残缺的王业执戈前驱呢？南朝的帝王们将江山社稷和身家性命全部托付给了一条宽阔的大江，但是，被人视为天堑的长江又怎能挡住怀有坚定决心的北来征帆？

金陵的帝王们还有佞佛的通病。佛风之盛始于东汉末年，六朝之中又以梁代为甚。据史书记载，当时建康城里注册的僧尼竟达十万。且不说佞佛会耽误国事，只就这十万人的衣食花销而言，恐怕也会让雅好佛老的梁武帝捉襟见肘，入不敷出。"南朝四百八十寺，多少楼台烟雨中"，奉佛的庙宇壮丽得让人眩目。但只要一想到战乱频仍中的江南百姓经受的痛苦，人们也就很难为六朝佛教文化的这种非理性的繁盛叫好。那个开国又亡国的梁武帝，不仅亲自设坛讲经，还数度舍身寺庙，要他的大臣们一次又一次地捐钱为他赎身。失人心者失天下，六朝的统治者"不问苍生"，媚事鬼神，能不让金陵城里的百姓感到深深的失望？当东吴在上游的战争中频频失利，孙皓要金陵的士子们同赴武昌为他的王业效命时，后者毫不客气地高喊："宁饮建邺水，不食武昌鱼"，喊声中包含了一种毫不掩饰的快意，人们终于有机会向昏暴的帝王吐出一口郁积很久的恶气。而当后主们或被献俘阙下或被废身死的时候，回看佛寺中养尊处优供奉多时的菩萨们，他们的脸上依然漾满了痴痴的笑意。

"沧海横流，方显出英雄本色"。社会动荡，往往又是英雄辈出的时代。割据分裂，对安邦治国人才的需求会变得更为迫切，从而为那些满腹经纶又极想有为的人杰提供了尽情表现其才能的机会。割据王朝的京城中，曾经聚集了无数当时的精英。试想，如果没有中原板荡，司马睿仓皇南渡，又怎么会有现在人们知道的那个王导？同样的，如果苻坚听从臣下的劝告，停止南征，又怎会有谢家的辉煌？回顾这段历史，我一直在想，刘备三顾茅庐请出了一个能够治邦安国的诸葛亮，千百年来为人津津乐道，但对王导当时竭力与江南士人沟通，使晋室在江南复兴的往事为何少有提起呢？如果没有他当时对江南士人的竭力安抚,晋室又怎能在江南延祚百年?现在想来,王导当时请出那些对南渡政权充满疑忌的江南人杰似乎更为不易。司马氏家族曾是这些江南望族的宿敌,中原失鹿,仓皇南渡,要钱没钱,要粮没粮,要兵没兵,谁还愿意为这个正在陆沉、前途吉凶未卜且旧日恩怨未了的王朝垫背呢?可以想见,要让他们出来做事该有多难,哪一个不是要三请四请的呢?如果我们能在金陵东郊的枯冢中唤醒建康城的一个旧日居民,他也许能给我们描述这样的情景:漆黑的夜色中一个中年男子由提着灯笼的童子引路,去敲那一扇扇紧闭着的大门。弄得好,让进去了,还得等上半天,主人出来敷衍两句,便急急地连呼送客。弄不好,任你敲门呼唤,他那里就是不开门,让你吃个闭门羹,你也奈何他不得。但是事物总是会转化的,一回不行,二回,二回不行,三回,巨大的情感投入,终于感动了上帝。一扇扇紧闭着的大门打开了。而打开的岂止是大门,那是一颗被至诚感动的心;迎进的又何止是一个操着鲁南口音的陌生男子,那是整整一个南渡的王朝!从史书的记载看,王导虽然担任过将军一类的职务,却似乎从未临阵指挥过战斗。但尽管如此,他的那种勇于任事、从容若定的作风曾经折服了无数当时的名士。南渡之后,东晋朝野弥漫着一股失败主义的悲观情绪。许多人惶惶不可终日,或以酒浇愁,或因无计还乡而满面啼痕。王导对此十分不屑,他拍案而起,大喝:大丈夫"当共戮力王室,克复神州,何至作楚囚相对!"话语间充满了慨然英气。新亭席上的那一通棒喝,唤醒了不少只知悲悲戚戚、对前途失去信心的南渡士人。

　　割据偏安和昏庸的帝王,形成南朝独特的政治生态,这种形势又为培养政治强人准备了绝好的社会条件。南朝的帝王们于马上得天下,半生征战,对边境上频繁发生的战事渐渐有了倦意。他们在秦淮河畔的温柔乡里歇下马来,就再也不愿去战场过栉风沐雨的生活。因此,当江淮那边边报频频的时候,被秦淮河畔的美人们缠住了身子割舍不下儿女之情的帝王们，就不得不将赖以起家的军队交由他们的将军去指挥。战争是割据时代的常态，而战争又是培养新的政治强人的温床。南朝政治生活中的那些能够呼风唤雨的人物大多通过战争的锻炼脱颖而出，站到了历史的前台。他们先是在江淮鏖兵，尽情表现他们不俗的军事才能，战争结束之后，他们便率领着大军班师而归，屯驻阙下。于是，边患方销，内乱的祸根已经深深地种下，南朝的政局立即陷入新的动荡。其时各代的陆沉，多数情况下，主要祸胎不是来自外部势力的侵凌，而是内部的僭夺。战争中涌现的政治强人很自然地成了南朝政坛上的新星，他们呼风唤雨，八面威风，一旦羽翼丰满，便毫不掩饰问鼎神器的野心。此时金銮殿上的那个即将成为后主的皇帝，早已成了一场即将到来的政治阴谋中的玩偶，而和平的"禅代"，总是掩盖不了狰狞血腥的杀戮。

　　割据的年代，需要武备。但是，有意思的是，六朝的帝王们一脱下戎装，便喜好斯文，萧衍便是他们的代表。他能征惯战，却又痴迷诗赋文章。登基之后，便热心地与那些文采风流的臣下唱和，于是上行下效，蔚为风气。文人墨客躬逢其盛，纷纷施展出自己的诸般本事，或以诗歌邀誉，或以文章干人，务以才调取悦于附庸风雅的达官贵人。虽然文学创作中掺入了不少功利目的，但他们的创作热情和争新出奇的追求，推波助澜，造成了一个时代文化的繁荣。王导子侄辈们的书艺，谢安谢玄后人别求新声的诗学成就，沈约对诗歌音律的探索，刘勰对文艺实践的理论总结，以及昭明编古籍、辑《文选》，人文荟萃，极一时之盛，战乱频仍的六朝竟成了中国文化史上的盛世。封建时代的京城，既是当时的政治中心，又成了当时的文化中心，衣冠人物云集金陵，六朝遂成了后世文人心向往之的盛世。鲁迅因称这一时期是中国文学发展的自觉时代。都说六朝的文学风范是轻靡，但是，我们分明看到该时期人兼收并蓄的美学趣味。他们青睐婉约，也并不拒绝豪放。这一点可以从萧统编《文选》的旨趣中看出。他敬仰三闾大夫,又推崇五柳先生,婉约也罢,豪放也罢,只要是"事出于神思,义归乎翰藻",有真情,有文采,他都照收不误。

王浚楼船下益州,金陵王气黯然收。

宽阔的大江终于敌不过人类的决心,数世积聚而成的辉煌如何经得起血与火的洗礼,终于委弃在钟山脚下,化作萋萋芳草中隐约可辨的一堆断壁残垣。只有钟山依旧,秦淮依旧。"六朝文物草连空",数百年间创造的有形的文化全都毁于一旦,地下出土的东西如此可怜,又怎能彰显那个令人为之惊叹的时代曾有的繁华?幸运的是,在这一历史时段中形成的文化风习却被保存了下来,受到人们的珍视。

王朝的更迭,给聚居在秦淮河畔的衣冠人物造成了局外人难以想象的精神磨难。他们与那个逝去的王朝有着千丝万缕的感情联系,对新王朝并不认同;同样地,作为遗民,新皇们对前朝臣子的政治忠诚也满怀疑忌,不少人便因王朝的鼎革而过早地结束了自己的政治生命。他们中的许多人是那样卓越,那样优秀,本可以有所作为,展示自己的平生抱负,却因政局的动荡,被无情地排除在当时社会政治生活的中心之外,生命受到威胁。人生的遗憾还有胜过于此的吗?拿王谢家族来说吧,这两个东晋的望族的许多风华绝代的后辈不少就死于非命,因此,当东晋南朝落下它那上演了三百年的历史活剧的大幕时,两个如此声名显赫的世家大族,子弟零落,终于在六朝之后的中国政治生活中消失,奏响了它的凄惨的终曲。

"江南佳丽地,金陵帝王州",帝王们钟情于金陵的王气,在这里落脚;许多宦游的倦客和高蹈的隐者,也都对这一方水土表达了深深的仰慕之意,纷纷到这里守节或终老。王安石来了,他在充满险恶的官场中跌打滚爬了大半辈子,终于有了倦意,萌生了对金陵旧宅那一堵倾圮的院墙和几茎鲜活的野菜的依恋。他上书言事,为有所为而来;现在,又数度请辞,为不可为而去。准辞的诏命一下,王安石便匆匆地收拾了行李,由汴入淮,再沿运河南下,水陆兼程,归去的心情是那样急切。金陵风物对于这位遭际独特的游子的魅力在于：当他目睹了官场的黑暗，饱经了世态的炎凉，破灭了兼济的痴梦之后，巍峨的钟山和宽阔的长江总能让他有一种温馨和安全的归属感。那一方充满浓浓亲情的热土，永远伸张着她的臂膀，全无私心地欢迎她那在异乡落魄飘零的儿女。改革事业有始无终，他的归隐当然算不得功成身退，此行只能是一位在异乡深谙了人生三昧的老者来圆一个叶落归根的梦。半山园主人的踬蹶人生，清晰地昭示了这位极想有为的中国士子由志在兼济到皈依佛门的尴尬与无奈。龚贤来了，在经历了半生漂泊之后，他终于熬不过乡情的煎熬，悄悄地回到金陵，来完成他与画艺的末了之缘，相信古都的山水不仅会给他创作的灵感，而且还能对他的不称意的人生进行温情的疗救。袁枚营造随园，在割断了窒碍"性灵"的宦缘之后，来寻求人生的欢乐。历数金陵隐者的行止，他们的情怀总是那么耐人寻味，折射出复杂的世态，牵动着时代的神经。体察他们各有隐衷的心曲，会自然地将我们引领到那个动荡不宁、充满变数的年代。

"人事有代谢，往来成古今"，回眸秦淮，文德、来燕诸桥犹存，而朱雀古渡却因内秦淮的雍塞而略无影踪可寻。秦淮涛声依旧，却再也听不到旧时不绝如缕的笙歌和青年男女的调笑。佳丽们哪里去了？弹指两千年，在风月场中沦落的女子该有多少？花开花落，殒没在花街柳巷中的年轻生命又该有多少？她们恰像路边的野花，盛开时曾经引起一阵惊呼，凋残时却不曾得到过人们的注意，哪怕是轻轻的一声叹息。不仅如此，在文人墨客们足可诛心的笔下，她们还要为六朝王业的短促负责。然而，明末中原板荡，江山易手，满嘴道义的读书人却因自己的宵小行径，在青楼女子们生命的壮烈面前显出了人格的猥琐和灵魂的苍白。这些可敬可爱的青楼女杰们，虽然为身世所迫，不得不卖笑卖身，但她们的人格操守却超越了被蹂躏的躯壳，达到了人生的崇高境界。秦淮凭吊，在溶入了浓浓的情感的凝视里,依稀能从波纹涟涟的河水中见到商女们的啼痕。长歌当哭,如果文章能作心香,我极愿以此来祭奠她们令人钦敬的灵魂!

湮灭在漫长岁月里的是多少人的遗憾;经过岁月磨砺留存下来的则是王朝兴废的感慨。

诗人们为这里匆匆出现又匆匆消逝的王业,为士大夫们的悲剧命运感慨,而引动我思绪的还有那些在沉重的废墟下被草草掩埋的小民们的尸骨和他们绝少见于史传的艰难的足印。人们总以为天子脚下该是块王道乐土。对那些京都子民来说,虽不能存着与王侯将相一般安富尊荣的妄想,但至少也能够仰赖天威,苟全性命的吧!然而,很不幸,分裂割据,战争频仍,只要战端一开,刀兵所指,逆也亡,顺也亡。谁叫你是京都的子民呢?有子女玉帛者,可杀而取之;无子女玉帛者,以其居京都王化之地,难免冥顽,杀之可矣。金陵四郊多荒岗,其中掩埋了多少死得不明不白的冤魂?古都的百姓遭受的最大一次劫难发生在上世纪30年代。据说是"友邦"为了在这里开辟一块共存共荣的"王道乐土"。所幸的是,时代进步了。在本来被视为草芥小民们临难的地方,历史破天荒地为他们建起了一座座纪念碑。中国的老百姓向来只习惯于为帝王建造巨大的陵墓,而现在,这些死得凄凄惨惨、平平淡淡的金陵苍生的在天之灵,终于也能享受到一次次郑重的祭奠。每念及此,我就会在心里默默地叨念:呵,死于非命的历代生灵,魂兮归来!

平居有思

韓國文學

褒贬之间：关于说话的分寸

"韩非子作《说难》，而死于说难"，可见懂说话的道理不见得真会说话；人人都在说话，但对说话之难的体会却有很大的差别。中国的孩子从小就接受过谨言慎行的教育，"祸从口出"，"不能随便乱说"，"想好了再说"，谁不是听着大人们的这些警示长大？成年之后虽然也认可说话要讲求分寸的道理，但是说好说坏，这分寸究竟定在哪里，谁能说得清楚？倒是谨小慎微惯了，口将言而嗫嚅，足将进而趑趄，处处小心、多有顾忌，这样活着不是很累吗？

一千多年前，苏轼为朋友章质夫写堂记，说法却与此大异其趣。苏轼说："余，天下之无思虑者也。遇事即发，不暇思也。未发而思之，则未至；已发而思之，则无及，以此终身，不知所思。"又说："言发于心而冲于口，吐之则逆人，茹之则逆余。以为宁逆人也，故卒吐之。"这是性情中人的说法，率性而发，毫无顾忌，不认同说话事无巨细都要反复权衡考量、思前顾后。需要提醒读者，堂记表达的两层意思其实都是有争议的，遇事即发未暇思和宁肯得罪人、也不能有违于直来直去的本性，岂是随便可以仿效的？朋友章质夫名其堂为"思"，苏轼受托为堂记，与朋友调侃，笑谑而已。作者姑妄言之、读者姑妄听之。苏轼已经为他那改不了的坏脾气——宁逆人、不违己、口无遮拦，付出了沉重的代价，后人岂可随便仿效。不过比较起来，历史上最不会说话、掌捏不好说话分寸、教训最沉重的应该是魏晋时代的嵇康。

嵇康生活的时代社会动乱、政治黑暗，人家避祸犹恐不及，连同道的好友阮籍也不得不认真管束自己，终日饮酒，喝醉之后就干脆装糊涂，闭口不论时事，最多翻翻青白眼表达一下内心深处复杂的感受。嵇康知道自己的火爆脾气容易惹祸，想学阮籍的内敛，却没有学到家，用他的话来说依旧是"刚肠嫉恶、轻肆直言、遇事便发"，秉性难改的他居然敢用言语冲撞大将军司马昭眼中的红人钟会。都说君子绝交不出恶声，他倒好，绝交信写了一封又一封，恶语相向，人家能不记恨？山涛脾气好，与嵇康相交日久，彼此心知，不与计较；王巽是卑鄙小人，岂是可以轻易得罪的？阮籍因为口不言臧否、日日酩酊，大将军乐得表现容物的大度，一意维护；嵇康这般无礼，便是自寻死路了。名士之死本已令人扼腕，还捎带上了他自创的琴曲《广陵散》，优美的旋律自此成为绝唱，音乐界的损失可谓不小，提起此事，每每让人唏嘘不已。

　　说不中听的话、说批评的话，应当小心，说恭维的话、说顺耳的话是不是就能够稍稍逾矩、放纵一点呢？千万不要这么想！说好话涉嫌溜须，也一样会让人侧目。诚然，说好话，听者感觉舒服，但青史留名，你不怕留的是骂名？谄媚、拍马屁、阿谀奉承，多难听的詈骂！细细考量，不就是说多了几句歌功颂德的好听话吗？可见这好听话也不是随便说的、也有分寸的要求。心术不正，别有所求，说好话捞了好处，落个骂名也还值；如果是迫于情势、说了几句违心话，同样让人抓住把柄，被钉在历史的耻辱柱上，你说冤不冤？韩愈就是因为经不住别人的请托，被人拉来当了枪手、为死者粉饰生平，被指谀墓，遭人痛责的。时间过去八百年，提到韩愈，顾炎武仍然不依不饶，说："韩文公文起八代之衰，若但作《原道》、《原毁》、《争臣论》、《平淮西碑》、《张中丞传后序》诸篇，而一切铭状概为谢绝，则诚近代之泰山北斗矣；今犹未敢许也。""今犹未敢许也"，掷地有声，大师的言说谁敢质疑？真是誉之所至、谤也随之，本来是"文起八代之衰"的一代大儒,应当升入凌烟高阁的文化伟人,现在却被顾炎武一顿猛批,搞得灰头土脸,形象大受玷污。细论起来,韩愈其实也很冤,他是文章大家,名声在外,求为墓志者自然不少,谁不想依仗他的大手笔替墓中亲人说几句赞扬的话,也好超度超度亡灵? 试想,一介文士的韩愈一旦被人盯上,除了让请托者满意而去、还能有别的什么脱身之计? 清初康熙年间的名人魏象枢也有同样的遭遇。魏氏官拜刑部尚书,位高望重,文章写得也好。于是,求为铭状者络绎不绝,魏氏疲于应付、苦不堪言。在给友人的信中发了这样一通牢骚,说:"为人作墓志铭,不填事迹,则求者不甘;多填事迹,则见者不信。其至无可称述,不得已转抄汇语及众家刻本以应之……吾愿世人生前行些好事,做个好人,勿令作志铭者执笔踌躇,代为遮盖也。"面对家属要求,捉笔者毫无转圜余地,只能一味地说好话;写不出来的时候,还要翻检古籍,从中找补些能让求志者满意的东西。留下这样让人生疑的文字,当事人的别扭可以想见。心有不甘而又万般无奈,魏象枢便倒过身子,恳请那些身后不忘留名的墓中人活着时多多积德行善,亦好让写墓志者不必昧着良心杜撰那些纯属子虚乌有的事迹。不过,我想,既然一篇墓志可以将死者生前的恶行掩盖过去,千秋功罪系于志墓者一支生花妙笔,扮靓扮俏,将黑的说成白的,那么,死者生前作恶还有什么值得顾忌的? 由此看来,最该受到指责的不正是那个不做好事又恬不知耻的墓中人? 他们生前不检点,死后要歌功,逼着懦弱的文人违心写下那些受人诟病、累及清名的文字。明代戏剧家汤显祖对此也是感同身受,在致友人陆学博的信里,汤显祖抱怨说:"文字谀死佞生,须昏夜为之。方命奈何?"听话听音,即使是昏夜为之,自知瞒不过神明,汤显祖因此忐忑不安,耿耿于怀。可见这说好话,并不真的能你好、我好、大家好,说违心话、昧了良心,说话人的感觉能好得起来吗?

　　贬损、溢美,要么把人骂死、要么把人夸死,都属于越界说话,过犹不及,说句大白话,那是"瞎说"。朗朗乾坤、光天化日,岂容信口胡说。虽然说话是一辈子的学问,但回归孔子、践行"中庸"之道,无疑是迈出了正确的一步。中庸也称中和。"喜怒哀乐之未发,谓之中;发而皆中节,谓之和。"喜怒哀乐,情动于中,便会有表达的要求,"发而中节"——实话实说、中规中矩,是表达的正道。当然,中庸不是"乡愿",不置可否、讳言是非与中庸毫无关系。中国古人所谓的"执二用中"绝不是没有个人立场、四面讨好、打马虎眼、消极被动地依违于褒贬之间,倘如此,大家都成了好好先生,还有什么是非之分? 中庸最有价值的地方是它秉持理性、不走极端,有话好好说。

把握好说话的分寸确实不是件容易的事,譬如,直话直说不该轻易否定,但计及分寸,实话也得策略地说、理性地说,说话时还得多考虑听话人的心理承受能力。说重、说轻,还要区别不同的对象。对象是小孩,就要多说鼓励的话,多表扬,就是要批评,也要尽量将批评转换成引导、用委婉的口气说;面对聪明人,响鼓不用重槌,点到为止就可以;对胸无城府的粗人,就要直来直去。至于触龙劝诫赵太后、诸葛亮舌战群儒,说话中含着智慧、机敏、将说话提高到艺术的水平,这样的说话真的是一辈子的学问。

实话实说,有话当面说,广开言路大家说,既然说话是一辈子的学问,一篇短文怎能说尽? 但不学一点说话的道理,肯定会处处碰壁。

萧衍之失与耳朵的毛病

常听人讲祸从口出，提醒人们说话要谨慎、有分寸；其实耳朵也是心智的枢机，听力影响决断，立身处世，听话的道理与说话的规矩一样重要。

毛泽东读史，总结历代治乱的经验，借古鉴今，思虑精深，其中读《南史·梁高祖本末》一段批注，说的也是听力的问题，给我留下深刻印象。批注说："专听任奸，独任成乱，梁武有焉。"批评梁武帝耳朵根子有毛病，偏听偏信；在《梁书·贺琛传》的批语中，进一步加重了对萧衍的责难，说他："小人日进，良佐自远，以至灭亡，不亦宜乎。"南北朝时的萧衍不是等闲人物，此人少有大志，雄姿英发，文韬武略，是齐末混乱政局中升起的一颗新星。东昏侯荒淫无道，人心思变，萧衍广结善缘，在长江中游集结力量，势成后挥戈东指，一举夺得了南朝的政权。梁朝存在五十来年，萧衍一个人就做了半个世纪的皇帝。梁朝几乎成了梁武帝一个人的朝代，梁武帝被侯景饿死在台城，梁朝也就走到了它的尽头。萧衍佞佛拒谏，晚节不保，竟让一个反复无常的无耻小人得售其奸。帝皇失聪后果严重，萧衍之前还有秦二世胡亥，他的专听更是登峰造极，人家指鹿为马也能信以为真。"佞人用事，诤臣杜口"（贾捐之《弃珠崖议》），古人文章因此常有"亲君子，远小人"的警示，意思都与听话有关，要人懂听善听，免受奸佞之徒的要弄，特别要警惕口蜜腹剑、居心险恶的小人。皇帝是一国之主，不同于常人，对他的听力当然会有更高的要求，"臣以自任为能，君以用人为能。臣以能言为能,君以能听为能。臣以能行为能,君以能赏罚为能。"(刘劭语)能听,是明主必备的素质,唐太宗善听,广开言路,择善而从,遂有后人津津乐道的贞观之治。

　　善听、能听,关键要明辨是非,听话听音,人家说得对,就要接纳,有错必纠才是正道。计较说话者的态度、介意说话者的口气,缺少容物的气度,就容易偏听,一偏听,必定出错。刘劭说:"正言似讦而情忠",忠言逆耳,不大动听。耳朵根软,喜欢听好话是人的天性,顺耳的、投其所好的、表扬的、拍马逢迎的,听起来往往声声入耳。谁存心跟自己较劲,那么喜欢听刺耳的、批评的、反对的声音?但形成习惯之后,能够与之亲近的不就剩下一帮私己、佞己的马屁虫了吗?清人方苞因此称:"誉乎己,则以为喜,毁乎己,则以为怒者,心术之公患也。"(《通蔽》)看来这耳朵根子的毛病古已有之,既然是公患,自然还是常见病、多发病。善听、能听,还有一条就是切记耳朵并非接受信息的唯一通道,听来的不如看来的真切、确实。看来的与听来的相互佐证,才能得到可靠的信息,即所谓"参互而得十分之见"。汉代刘劭认为"信耳而不敢信目",跟在众人后头人云亦云是一种常见的错误,劝人"以目正耳",决不能"以耳败目"。

　　平心而论,说两句恭维话,有什么难的,谁都会!古人称场面话为"虚言",虚言就像平日里用石灰水刷墙,多刷一次不嫌多,少刷一次不嫌少。听话时切记那些都是姑妄言之,姑妄言之的话只能姑妄听之。人家有心无心说些风凉话、玩笑话,你只顾站在一旁偷着乐,真以为自己十全十美、像一朵花似的,不知什么时候就会糊里糊涂掉进人家为你设下的温柔陷阱。赵高、李林甫、杨国忠之流都是因为尽说好话,取悦人主,获得宠信的。经验告诉我们,听好话还得保持头脑清醒、加倍小心才是。古代圣贤,"誉乎己则惧焉,惧无其实而掠美也",对好话、奉承话保持了极高的警惕。

　　相反的,倘使有人批评你,就不大可能是虚言了。批评人,让人感觉不悦,悖逆人情常理,不是件随随便便的事。谁愿意自找麻烦,像是带着放大镜专门挑人家的毛病、一心和人过不去?与人方便、自己方便,与人不方便,自己当然也不方便啦。再往深处想,我觉得大凡能够对人提出批评的,不外两类人,一类是朋友间善意的提醒,一类则是仇敌的肆意攻讦。朋友知你、因而爱你,对你有别样的期许,属望者殷、挟持者远,一举一动,都受到了关注,每有缺失,别人难于启齿,朋友怀着善意必会予以提醒。方苞称:"攻我之恶,不当者鲜矣","毁乎己则幸焉",闻过则喜,"幸吾得知而改之也"。与颂扬的虚言相比,批评者的批评不但事出有因,大多也握有实据。孔子说益者三友:友直、友谅、友多闻,看重朋友间的规劝与批评,良药苦口利于病。另一位清代学人戴震也说,真正的朋友才能"苟有过则相规",真诚相对、直言无讳。拒绝他们的批评就是拒绝进步。退一步讲,即使是恶意的攻讦,存心找茬,不少时候对手只是将存在的问题放大了许多倍,或者是攻其一点、不及其余,"吾无其十,或实有二三",听闻之后,坚持对的,将十有二三的二三改了过来,恶意的批评成了促人进步的正向能量,坏事变成了好事。这也就是方苞所说的:"异乎己则思焉,去其所私以观异术,然后与道大适也。"周厉王由拒绝批评而至禁绝发声,超思维的权力发挥了作用,"道路以目"之后,耳朵根子是清静了,但他也很快在一片寂静之中失去了权力。

忠言似讦,批评只对浅薄的自尊形成挑战,让当事人感觉受到了冒犯。细想起来,人之所以会养成选择性听话的习惯,源于过度的自爱、自信,总以为自己是对的,不肯正视自己的局限性。有一小善,便沾沾自喜;做错了事,虽有感觉,立马找出一大堆理由给自己脱罪,大事化小,小事化了,不大愿意从问题的严重性方面考虑。其实人只要能听得进身边朋友善意的提醒,激活理智中的自省意识,检点反思,就能重返正道。闻过则喜、从善如流,这才是君子接物应有的秉持。

听古人论得失

对"得"与"失"进行权衡、做出选择是生活的常态,倘若事涉重大、关系复杂,抉择便会让人颇费踌躇,焦虑、煎熬如影相随,备受折磨,说得与失的考量是人生最大的难题毫不为过。

现代人是讲功利的,功利意识说到底就是关于得、失的考虑。平时一讲得失首先想到的自然是孟子鱼与熊掌的理论。孟子是圣人,扛着布道的责任,倡言轻利重义,主张节欲,强调精神高于物利。他还有意夸大得失的对立,一得一失,非此即彼,难能两全。论述中还推出生与死的大义问题,更增加了解套的难度。孟子的意思是寻求精神的崇高、放弃物利的好处,要名节就不能要性命,这种说法感觉比较极端。我觉得,主张淡化得失意识是对的,但一味否认得的好处,片面强调得与失的对立就不免有失偏颇。在分辨精神与物利、精神与肉体的权重时,不问情由,天平老是向着一边倾斜,这样的决断其实不大能为人接受。

凡人都有得失意识,重要的是不能贪,一涉贪,"货财不积,则贪者忧",欲壑难填痛苦不堪。现实生活中得的感觉确实很诱人,黄金屋、颜如玉,中彩票、一夜暴富,谁不愿意遇上这样的好事?得的愉悦来自有求、有欲,有求、有欲,才会有得到的窃喜。佛门讲看空、不讲得失,我们是凡夫俗子,生活在现世,界别有分际,与佛门弟子难能说到一处。《荀子·礼论》说:"人生而有欲,欲而不得,则不能无求,求而无度量分界,则不能不争。争则乱,乱则穷。"荀子承认得的要求的正当性，但又希望人们能够认清它的边际与界限，争而乱，乱而穷，得不偿失，好事会向反面转化。事实也是如此，一重得就容易贪，南朝宋范晔《后汉书·岑彭传》有："人苦不知足，既平陇，复望蜀，每一发兵，头鬓为白。"讲的就是由得而贪的例子。"边庭流血成海水，武皇开边意未已"，在通达的古人眼里，贪是陷阱，万勿在此失足。

得失的抉择与切身利益相关，慎重是必须的，但也不能患得患失，讨论得失因此会牵涉决断。权衡利弊，应当加以考虑的因素一定很多，其中利益最大化是根本。利益最大化不能理解为一方利益最大化、其他当事方利益受损，这不是利益最大化，双赢、多赢，才是真正的利益最大化。我注意到历史学家反思二战爆发原因时认为，一次大战结束后协约国从重处置德国，对战败方诛求无度，让战后德国人生活在水深火热之中，这才让希特勒有机可乘。和平年代，同行竞争与战场厮杀更不能相提并论，零和游戏岂能持久？所以在进行予取予求的决断时既要给自己、也要给别人留有余地，好处统统归己，别人只能袖手旁观，哪有这样的道理？为了取得必要付出，利益最大化还包含付出或损失的最小化。上世纪90年代，国家为三峡工程上与不上做了许多研究论证，其实质就是进行得与失的权衡，发电与防洪是一眼可见的好处，但建成后生态环境发生改变及其后果也应认真予以考虑。决断基于权衡，是严肃的，严肃的决断要有担当，当断则断，现代社会讲求时间与效率，机不可失、时不再来。

权衡得失利弊时如何兼顾物利与道义两个方面也是让当事人颇费考量的一件事。虽然不能同意孟子将物利与精神绝对对立的观点，但现实中物利与精神错位的现象确也大量存在。就拿新中国成立初抗美援朝的决策来说吧，它对新中国的领导人就是一次严峻的考验。国内解放战争刚刚结束，执政者面对的是经历了长期战争后的满目疮痍、百业凋零，国家的重建、国民经济的恢复，需要集中全部人力、物力和财力；一旦决定出国作战，对手又是一支完全现代化的军队,小米加步枪的中国军人与武装到牙齿的联合国军较量,又有几分获胜的把握?在此危难之际,当时中国的领导人做出了最艰难的抉择,为了反对侵略、保卫和平、主持正义,不惜承受最大的民族牺牲。结果大家都知道,战争虽然影响了国内建设,却也为这个新建的国家赢来了较长时期的和平与安宁,发展与建设有了一个较好的外部环境,得与失由此取得了平衡。

  根据老子的观点,得与失还会相互转化,得而复失,失而复得,得中有失,失中有得,在生活中这是得失关系的常态。不过说来话长,读者多加关注,自然会有收益。总起来看,孟子得失对立的观点大不可行,而孔子"戒之在得"的意见,倒颇可回味。得过之后,如果只知偷着乐,全不顾利益攸关各方的感受,保不准就会栽个大跟斗。我想,面对利害关系,一方面不讳言得失,另一方面要有长远眼光,不斤斤计较于眼前的利益,拿得起、放得下,用一句俗语来形容,叫作没心没肺,郑板桥称作"难得糊涂"。处世,这是正道;养生,这是良方。平时接物,一定要调理好心态、多作换位思考,为自己留下更大的活动空间。

清议的迷思

每个时代都有自命不凡的清流,清流的见解与主张叫作清议,北宋人司马光批评清议是"饰伪以邀誉,钓奇以惊俗",清议惑人,自古而然。今天清议依然活跃,面目与做派一如它的祖先,还是那样八面玲珑、妩媚动人,极能蛊惑人心。

改革开放三十多年,社会成员大多有了很强的主人翁意识,对现实生活中出现的问题,也都乐于积极建言。肯定、否定、赞成、反对,因为看问题的角度不同、认识不一致是正常的,但清议激昂慷慨的发声,貌似立足于公理,其实包含极大的偏颇,且能产生严重的误导,应当引起我们的注意。

清议选择话题颇有机巧,稍不留神就能让人中招。譬如,前不久在网上看到一则消息,说杭州有人称如果选他当市长就要将杭州所有的洗脚馆都改成图书馆。乍一听,精神为之一振,觉得改得好,改得很文化,大有利于精神文明建设。顺着这个思路观察社会,似乎还有很多可改。但想着想着,又觉得不大对头。洗脚馆、桑拿馆按照市场规律经营,在商言商,商人看到的是保健的需要与其中所含的商机;一旦改成图书馆,性质变为公益,投入不计回报,经商转为慈善,谁愿意做这样的赔本买卖?如此看来,洗脚馆转型的事只好由政府来担责了。但政府的钱也是取之于民、用之于民。如今都说要减轻纳税人的税负,废一个洗脚馆就要建一个图书馆,只有增税,一增税,税负就轻不了。洗脚馆改成图书馆还有一件让人头疼的事,那就是如何安置洗脚馆的员工。洗脚馆是劳动密集型企业，创造了不少就业岗位，洗脚的总不能像小品演员黄宏在喜剧小品里说的那样，放下修脚刀就去拉双眼皮。图书馆有采编、有流通、有网络、有信息、有管理，术业有专攻，洗脚的多半做不了，做不了就得失业。现在地方政府都把增加就业当作任期目标，岂可随便砸了洗脚工的饭碗，将他们驱入失业者的行列？

洗脚馆改成图书馆并不可行，相信那位慷慨陈词的先生对此也是心知肚明。不明底里，强不能为能，那是无知；知其不可为强欲为之，那就是别有用心了。什么用心，简单地说就是北宋人司马光批评的"邀誉"。司马光《资治通鉴》卷五十一提到东汉末年的清流南阳人樊英。此人隐于当地的壶山，以学行名著海内。皇帝几次征辟，都被他辞谢，这样一来二往，樊英更成了炙手可热的人物，朝廷也便下了更大的征辟决心。结果高官厚禄，还真的将他请了出来。面对当时紊乱的朝政，樊英未曾贡献什么"奇谋异策"，同时人张楷讥他"享受爵禄"却"不闻匡救之术"，李固一针见血，称："处士纯盗虚声"。司马光因此感叹清流人物貌似清高，其实"不食君禄而争屠沽之利，不受小官而规卿相之位，名与实反，心与迹违"，肚子里并无真才实学和匡补的本事，却装了不少见不得人的肮脏东西。清流工于心计，工夫都花在了如何沽名钓誉上头。前人早就看穿了清流"互相题拂、激扬名声"借以自重的私心，今人当然更不能偏听、轻信，随便受其摆布。

清流历史悠久，代不乏人。善辨风向、投人所好、惯于操弄似是而非的言说是清流的强项。时局稳定、政治清明，清流的活动空间受到了压缩，社会动乱，时局不靖，清流便有了大展拳脚、兴风作浪的机会。清末中国内忧外患，各个政治阶层都在思索救国之道，并努力将各种设计付诸实行。清流袖手一旁，却善于说三道四。立宪派要改革，他们称这是乱党篡政，背弃祖宗成法。洋务派要师夷长技以制夷,通过发展近代工业寻求自强、求富之道。清流则称:立国之道,尚礼义不尚权谋,根本之图,在人心不在技艺。发语铿锵,似乎很有道理,其实只是哗众取宠,自己什么也不做,别人什么也做不成。清流将舆论造得好好的,实干家如何措手?近代中国积贫积弱,清政府腐败无能,备受列强欺凌,战败乞降,只能与人签订城下之盟,受命谈判的李鸿章等人也因此背上了卖国的罪名。清流穷追猛打,肆意攻击,自己却不敢上阵拼杀,又完全无视弱国外交的艰困——难道吃了败仗还要别人倒过来割地赔款不成?梁启超与李鸿章政见不同,但对李的遭遇极表同情,他不辞劳苦,撰写《李鸿章传》为传主洗刷不白之冤。晚清名人王闿运也亲致挽联,有意为李辩解,联句是:"分陕兼一相之权,今古师臣无与比;专阃制四夷之外,夙宵忧惧有谁知。"甲午、辛丑,距今已逾百年,而今国运昌盛,人们终于有了平静面对古人的从容,背了百余年骂名的李鸿章若地下有知,也当含笑九泉。

　　清议貌似占据了道德高地,其实是成事不足、败事有余。袁宏道《送江陵薛侯入觐序》便曾一针见血地指出:"自古国家之祸,造于小人,而成于贪功幸名之君子者,十常八九。"他以生病为例,"冀病之速去也,而纯用攻伐之剂,其人不死于病而死于攻。今观侯之治荆,激之耶,抑调之耶?使侯一日而秉政,其不以贪功幸名之药毒天下也审矣。"今天的清议走的也是前人窃名贪功的老路。譬如在与周边国家的主权争议中挑战国家冷静应对的准确立场,一意表达好战的言论,仿佛一涉领土争议就要打仗。国足在比赛中惨败,有人乘势落井下石,把中国足球积累已久的问题全都归结为外籍教练的选聘上,意思要足协不遵合同。恩格斯曾说,真理一旦越出它适用的范围,就会发生惊人的变故。清流的言说抓住一点、不及其余,思维方式极端,早已越出了合理的范围,但因其戴着正确的面具,多发惊人之语,足以制造混乱。

　　处士横议是古今通例,清流置身事外、不负责任,遂能轻易言说、四面出击。在清议的夹击之下,即使想要做事,也不得不有所顾忌。做好了不见清流说好,做事出现了问题,立马陷入一片唾骂声中。清初学者王夫之对清流的行事方式深恶痛绝,他认为国家应该立法,让谏官专任言事之责,不允许旁人随意指责朝政,这样才能让官员们放手实干。三十年前中国搞改革开放,家庭联产承包、发展市场经济、建设经济特区,新生事物层出不穷。因为不合于"阶级斗争为纲"的老例,处处遭受清议的非难。邓小平是一位具有战略眼光的实干家,深知改革的艰难,撂下一句狠话,叫作不争论。斟酌意思,不只自己不争论,别人想说,也随他去。你想想看,建设中国特色社会主义,前无古人,要想一点弯路也不走,怎么可能?那就只有置清流们的议论于不顾,横下一条心:走自己的路。这样的决断也适足以显示一位久经考验的政治家的睿智与果敢。

友情漫议

人与人相处有亲有疏,谈得来、经常来往、声气相通,就成了朋友,朋友之谊被称作友情,支撑友情的心理纽带是同情、理解与支持。这是普通对于友情的认知。一个人活在世上,如果没有两三知己,就会被人目为孤家寡人,"新知遭薄俗,旧好隔良缘",日暮途穷,落到这般境地,当事人怎能不生创巨痛深的感觉?

市场经济,按价值规律办事,如今人际交往中的情感成分确实淡了许多,可怪的是媒体上却经常出现"友情制作"、"友情提供"、"友情演出"、"友情链接"的字样,看着让人好生感动。社会转型对人际关系形成冲击是不争的事实,这样的世道里还有那么多的人眷念不涉利害的"友情"!真让人既惊又喜。一番深究之后却发现其中也有不少挂名"友情",并非为博感情、见义忘利,不过是以友情论价罢了。于是又生疑窦:这里的"友情"究竟是买方的赠予,还是卖方的赐舍?倘是卖方的"友情",让利于消费者,符合现代消费观念;倘是买方"友情",那么岂不是消费者花了大价钱,还以为沾了"友情"的光。更有甚者,一些挂名"友情"的文艺演出,参与的明星事前信誓旦旦,说是义演,十分"友情",事后不知怎么的,所得善款大半被他们拿了去。吃一堑应该长一智,感觉在商言商,凡属与银钱相关的事,不必扯上友情,明码标价为好。其间倘有托名友情漫天要价,消费者还可以据理抗争,反暴利、反欺诈,免得受"友情"戏弄,做冤大头。

据我所知,古人遭受友情伤害的经历也不少。唐诗《题长安壁主人》说:"世人结交须黄金,黄金不多交不深。纵令然诺暂相许,终是悠悠行路心。"杜甫《贫交行》则谓:"翻手为云覆手雨,纷纷轻薄何须数。君不见管鲍贫时交,此道今人弃如土。"两诗都是批评人心不古、道德沦丧的,看得出都是经验之谈。《南史·任昉传》讲齐梁名人任昉,此人秉性高洁,受时人推重,为官时不仅乐于提携后进,还常将自己的俸禄接济别人,调任京师面君谢恩居然找不到一身整齐的衣服,死后连丧葬费也拿不出来。任昉生前最好交友,"衣冠贵游者莫不多与交好,坐上客恒有数十",史载"得其延誉者多见升擢"。然而令人齿冷的是,这个被史书称作"乐人之乐,忧人之忧,虚往实归,忘贫去吝,行可以厉风俗,义可以厚人伦,能使贪夫不取,懦夫有立"的大好人,身后子弟零落以至衣食不继,而昔日曾得任氏提携的那些"朋友",却一个个别转了头,"莫有收恤"。同时的刘峻深感不平,写了《广绝交论》,讨伐虚假的友情。"广绝交",切断人与人之间的一切情感联系,反应不免过激,但这等浇薄的人情确也让重然诺、重信义的中国人蒙羞。

比起任昉身后由其子弟感受"友情"的伤害,柳宗元生前冰火两重天的经历更让人难堪。柳宗元在京城为官极受朝廷重用时,身边聚集了一大帮称兄道弟的"朋友",天天来侍候凑趣,以期得到柳氏的青睐。后来柳宗元因事获罪、被逐出京城,之前得了柳氏好处的人不仅不肯替他说话,更有宵小之徒对他肆意诋毁,必欲置其于死地。柳宗元在《答贡士廖有方论文书》中说:"吾在京都时,好以文宠后辈,后辈由吾文知名者,亦为不少焉。自遭斥逐禁锢,益为轻薄小儿哗嚣,群朋增饰无状,当途人率谓仆垢污重厚,举将去而远之。"达时遍地粉丝,穷时如对瘟疫,怎不让人有世态炎凉之感。柳宗元客死岭南,愤愤不平的韩愈在柳氏墓志中深有感触地写下了这样一段话:"呜呼,士穷乃见节义,今夫平居里巷相慕悦,酒食游戏相征逐,诩诩强笑语以相取下,握手出肺肝相示,指天日涕泣,誓生死不相背负,真若可信。一旦临小利害,仅如毛发比,反眼若不相识。落陷阱,不一引手救,反挤之,又下石焉者,皆是也。此宜禽兽夷狄所不忍为,而其人自视以为得计。"貌似出之肺腑、誓以生死不负的友情其实十分脆弱,甚至敌不过"仅如毛发比"的一点点蝇头小利的诱惑,真的很让人心寒。

背信弃义令人侧目,相携相助、甘苦与共的真诚友情也就愈加显得珍贵、更能让人感动。"冠盖满京华,斯人独憔悴",杜甫一直在为诗友李白的遭遇叫屈,小人得志、君子薄命,本末倒置的命运安排,读这两句诗感觉特别震撼。其实杜甫与李白只在早年有过一段短暂的交游,之后再无谋面的机会。但相见倾心,这一面之缘萌发的情谊使杜甫刻骨铭心,对李白的怜爱、敬重愈久愈浓。李白在各处漂泊,其身后仿佛都有杜甫关切的目光,怀念朋友的诗歌写了一首又一首,惺惺相惜之情溢于言表。"世人皆欲杀,我意独怜才",恨不得以自己多病的身躯为受难中的朋友抵挡致命的冷箭,"春树暮云"遂成千古美谈。马克思恩格斯两位学术大师的交谊也是世界思想文化史上的一段佳话。牺牲自己成全朋友,为朋友的学术成就叫好,任何时候都坚持自己作为第二小提琴手的历史定位,哪一点不体现了当事人宽阔的胸襟和朋友间感人的情谊?

讲友情还得说交友,传统文化重视交友之道。孔子教人很务实,说:"与人交,推其长者,违其短者,故能久也"(《孔子家语》)。朋友相交,取长补短,眼睛老是盯着别人的短处,得意于人不如己是交不成朋友的。俗话"水至清无鱼,人至察无友",说的就是这个道理。杜甫、李白的诗歌艺术各有优长,作为诗圣,当然清楚李白诗艺中的短项,一同游历齐鲁时彼此或有坦诚的私下交流,而形诸笔墨公之于世时,唯有对李白的推重:"笔落惊风雨,诗成泣鬼神","白也诗无敌,飘然诗不群",对朋友卓绝的诗艺钦佩、赞美溢于言表。恩格斯亦复如此,朋友活着时肯定马克思的作用无人可以替代;朋友去世,墓前致辞,表达的依然是无限的敬意:坚信马克思的"英名和事业将永垂不朽"。当然,讲气度、能容人只是交友应当注意的一个方面,容人不是迎合,对朋友身上的缺点、处事中的不周及不当之处视若无睹,这就落入了孔子批评的"便佞"、"善柔"的邪路,不是爱人,而是害人。孔子有"益者三友、损者三友"之说,君子爱人以德,交友是有原则的。明人吕坤论交友之道,称正人君子之间见贤思齐:一德亏而友责之,一业废而友责之,美则相与奖劝,非则相与匡救。相反,一帮宵小之间总是臭味相投、沆瀣一气:无论事之善恶,以顺我者为厚交;无论人之奸贤,以敬我者为君子。(吕坤《呻吟语》)戴东原也强调真正的朋友才能"苟有过则相规",认为有错必纠、以诚相见体现了友情最值得珍视的一面。古人因此有称朋友是所谓"分师之半"的,平时互相切磋砥砺,"参互以得十分之见"。用现在的话讲,就是取长补短、共同提高。古人不仅这样说,也这样做。柳宗元与韩愈私交极好,他们共历患难,又在长期的交往中不断给对方传递去温暖的友情。韩愈写《师说》,被批评"好为人师",遭到很多人的嘲笑。柳宗元认同韩愈"抗颜而为人师"的意义,在后者四面树敌、处境艰难的时候写了《论师道书》,给予可贵的支持;但当韩愈受命修撰国史,因为事涉臧否、怕得罪人,想逃避责任时,柳宗元致信韩愈,批评他胆小怕事、不敢担当起知识人的道义责任。挟持者殷,瞩望者远,这样的批评特别体现了朋友间"有过相规"的真诚。忠言逆耳,不知韩愈最后是否将朋友的话听了进去?

友情的维持需要精心的呵护,君子和而不同,即使是好友也会有分歧,听孔子的话,大处着眼,在存异求同中培育友情。一有龃龉,便成陌路,甚至反目相向,便失了君子容物的风度。北宋的苏轼与王安石分属新党旧党,政见对立,但两人都是心胸开阔的文坛大家,相互尊重,有不俗的私交,平时切磋文事、诗酒唱和,十分融洽。王安石年长,对波诡云谲的宦海有较深的经验与体会,因此常给苏轼不少极具见地的指点。比较起来,中国现代思想文化史上的一些学术争论之所以会严重失范,与当事人心胸狭隘、不能容物也不无关系,感觉其中的一些学者反不如古人知轻重、识大体、讲情义。

人活着就得与人相处,需要获得别人的理解与支持。社会转型、竞争激烈,相信生存环境发生变化之后人们对友情只会有更多的希冀。古人讲"交友之美在于得贤",在我看来,"精神家园"、"诗意栖居"的构筑,一定包含了对友情的期许。"人生得一知己足矣,斯世当以同怀视之",这应该是人际交往所能达到的最高境界了吧?

平居有思

劝架的智慧

魏晋间的名人嵇康因劝架受到牵连，又因与当时的政治斗争缠夹在一起，最后丢了性命，这事大家都知道，清官难断家务事，想来总觉得有些不值。但不值归不值，因怕招惹是非，放着架不劝，任人由吵架而相打，不也有违圣人见贤思齐、急公好义的本志？看来有架还得劝，只不过劝架除了怀抱一腔热忱之外，还得有些技能，运用智慧、掌握技巧，劝得吵架的双方心服口服、偃旗息鼓、重归于好，这才叫本事。

三国时的吕布被人讥为朝三暮四、目光短浅、沉迷酒色的匹夫，然而说到劝架，人家可是高手，写历史的也不敢随便隐去这一折。辕门射戟，表面看上去有点强横专断，打还是不打，全由他吕布说了算。其实也悬，需要大大的本事，没有金刚钻，怎能揽下瓷器活？百步穿杨，别人谁能做得来？袁术那边长途奔袭是志在必得，力薄的刘备，避战不能，战则必败，正在无计可施之时，吕布出面劝架，让刘玄德逃过了一劫；势大的一方劳师远征，胜券在握，虽有不甘，也只得无奈收兵，这结局也肯定是吕布早就预料到的。眼见一场即将上演的血腥厮杀消泯于无影，干戈化为玉帛，谁能否认当事人无量的功德？难怪白门楼刘玄德权衡利害、见死不救，吕布会有"大耳贼不记当日事"这一叫。罗贯中铁杆挺刘，但算计不到，让吕布临死前发声，叫了这么一叫，这一叫叫出了刘玄德仁义背后的虚伪。三国早成历史，但刘备欠吕布一个人情任谁也否定不得。历史上劝架劝得好的还有颍考叔,本事堪称一流。他介入别人避之犹恐不及的帝王的家事,劝说郑庄公,还智设台阶,既顾全了帝王的面子,又满足了当事人母子重归于好的愿望,这也是读《春秋》的人都知道的。

反观自己,生活于穷街小巷,贫贱人家百事哀,邻里间吵架拌嘴的事时常能够见到,皆因未能生得伶牙俐嘴,只好作壁上观,由我出面劝架的机会极少。虽然如此,却也从旁观别人劝架和自己绝少几次劝架的经历中悟得了一点劝架的招数。因不揣浅陋,贡献于下。

贱己、贬己,往往能出奇制胜。劝架最好不忙切入争执的焦点,更不要随意评判吵架双方谁是谁非。架之所以吵得起来,大多是因为问题并不单纯,双方都认为自己占着理。要是劝架的三言两语能将是非曲直分剖清楚,人家当初还能吵得起来?所以劝架的高手往往先将引发争执的议题撇开了,先将自己痛骂一通,说都是自己不好,让双方产生了嫌隙。这一骂,好像替吵架者找着了冤主,寻到了出气的方向。吵架不过是心里憋着一口气,气可鼓不可泄,气一泄,这架自然也吵不下去了。不吵了,理性回归了,是非问题也就很容易找着答案(或者根本不想要这答案了),事过境迁,相逢一笑,何来恩仇?

和稀泥,各打五十板子,此法也是屡试不爽。吵架有时只是为了鸡毛蒜皮的一点小事,大多不值得细细分辨,是非界限尽可模糊。也因此故,各打五十板子、将双方都臭骂一通的办法也非常奏效。骂一通,仿佛当头一通棒喝,不是糊涂虫,挨了骂就该清醒了,一清醒,架就吵不起来了。劝架切忌自以为明理,指着一方骂,那不是劝架,那是火上加油。也许你确实占着理,但在当事人看来,这是拉偏架,只会招致更强烈的反弹。

人前说人话,人后说鬼话,听起来有点像是两面三刀,拨弄是非,然而这是为了劝架,不得已而为之,实行之后往往会有意想不到的功效。切记劝甲时一定要帮着甲说话,将乙不痛不痒地开销一通;劝乙时帮着乙说话,数落甲的不是。但一定要掌握好分寸,既要让甲或乙出气,感觉动听,也不要让甲或乙感觉过于良好,否则就达不到劝和的目的。还有就是帮着骂过之后,末了一定要有被劝者大人大量、不必与对方一般见识的话,这样就有了息事宁人的思想基础,当事人再次相遇时就不好再斤斤计较,有了一点大人大量的矜持。再有就是一定切记,此法只是权宜变通,应当严格限制其施行的范围,否则,平日里也是人鬼不分、不受人待见,说话谁听?

还原情景也是劝架时常用的好方法。想通过给双方讲道理而达到息争的目的,效果多半不佳。争执往往起于对生活中某一事象、某一问题的解读产生了歧义,所谓一语不合、理性错位就吵了起来。殊不知,这一语不合,很可能是吵架中的一方临事仓促,对问题、对事象进行了错误的解读,对对方产生了误会。因此,还原历史情景,让争执双方回到争议发生的那个当口,将事情与问题重新演绎一遍,理性回归,一切问题都已经不言自明,争执双方在冰释前嫌时也会对当初的激烈反应哑然失笑了。

以上说的都是文劝,三国时吕布那样的武劝极为罕见,怕也是空前绝后、绝无仅有的。生活中架天天在吵,架也天天在劝,各人劝架的方法不尽相同,但只要是用了心,都是在为建设和谐社会贡献力量。

身体热及其镜鉴

一段时间以来,经常在各种传媒上看到与"身体"有关的消息,什么裸体浴场、天体森林浴、裸体酒吧,还有老师赤身裸体在讲台上给学生授课,五花八门。这样的"裸"似乎都与审美沾了边,可以从高雅的方面去看,不好随便质疑。格调稍低于此的,有艳照外泄、有换妻性派对,当事人虽然高举"性自由"的旗帜,振振有词,但观念过于超前,大众还不大能接受,争议的声音就大了许多。如果加上之前文学界热闹非凡的身体写作、下半身写作,感觉现代社会对身体的兴趣似乎越来越浓了。身体该不该关心?回答是当然。身体发肤受之父母,又天天在目力所及、时时能够感觉得到的范围内出现,怎能熟视无睹?头痛脑热,磕了碰了,身体出了毛病,还得加倍呵护,因为它是工作、生活的本钱。然而今日见于媒体、如此高的身体热度也给我们提出了这样的问题:身体兴趣有无边界?如果有,它在哪?

撇开是是非非,上面这些情形告诉我们一个确实的信息,就是人们越来越关心自己的身体,对性的问题也有了不合于传统礼法的想象和认知。和社会上的一些朋友一样,一开始我也是将此视为一部分人新潮、前卫的行为。但近日读《晋书·五行志》,史书中说到西晋的"元康之放",才发现裸裎、开性派对其实并不是什么新花样,这些玩意儿生活在魏晋时代的先人早就玩过了。

有研究认为,西方早期文化也曾对身体表现出极大的兴趣,古代希腊的奥林匹克运动会、罗马的斗兽活动都或明或暗地包含了对人的身体的欣赏,西方人今天的健美活动其源头便能追溯到上古时代身体审美的这个传统。与此相对,中国先秦以前则不太重视人体的审美,只是到了政治黑暗的魏晋时代,绝意仕进、不再关心社会公共事务的中国知识人才开始"任诞",一意寻觅自性的快适,眼光一收束,身体立即成了关注的中心。身材高挑、"龙章凤姿"、面目姣好的嵇康也自然地成了士林中让人歆羡的人物。史载生活于魏晋间的士人喜食"五石散","五石"指石钟乳、白石英、石硫黄、紫石英、赤石脂,现代有人分析得出的结论是,这五种药石里至少三种具有壮阳功能,这样说来,洋人的伟哥也算不得什么新鲜玩意。服食五石散,追求长生那是虚罔之词,当事人大约也心知肚明,获得"性福"倒能有真正的获益。

服下五石散,药力一发作,浑身焦灼,需要散热,穿着也就有了讲究,要么宽袖大袍、招摇过市;要么干脆"裸裎"。衣服一脱下,身子就露在了人们的面前,因此有了"容止"的计较。《世说新语》为身体特设一章,予以描述。面白唇红、身材颀长,几种优秀的因素一叠加,就在风月场中占得了先机。皮肤不那么白净的,或者身上有疤痕的,就得借助于化妆,脸上扑粉成了那个时代男人们的嗜好。"金粉秦淮","六朝金粉地、金陵帝王州",诗文中的这些章句耳熟能详,年轻时自己书读得少,也和别人一样望文生义,错怪了寄居于秦淮河畔临流梳妆的商女,后来才知道最早污染这条文化气息十足的河流的竟是男人们脸上洗下的铅粉。

生活富足、人生缺失了追求,精神往往空虚,一无聊,就有了玩花样的兴趣。《晋书·五行志》说:惠帝元康中,贵游弟子相与为散发裸身之饮,对弄婢妾……"对弄婢妾",够大胆、够前卫,这不就是今日所说的"换妻游戏"、聚众淫乱吗?魏晋士风深究起来真如鲁迅所说,像是一口一塌糊涂的酱缸,一沾上就色变。然而醉生梦死是末世景象,效仿不得,史书将其目为"胡狄侵中国之萌也",西晋的速亡便是镜鉴。后人有评，说："西晋王衍辈一出，以身为懒散之物，百不经心，放荡于礼法之外，一无所忌，以浮淡玄语为得圣之清，以灭理废教为得道之本，以浪游山水之间为高人，以衔杯于糟曲之林为达士，人废职业，家尚虚无……"实为亡晋之罪人。（吕坤《呻吟语》）清人戴名世写《醉乡记》，对此不胜感叹，称："当是时，神州陆沉，中原鼎沸，而天下之人，放纵恣肆，淋漓颠倒，相率入醉乡不已"；"醉乡有人，天下无人矣！昏昏然，冥冥然，颓堕委靡，入而不知出焉"。人人醉生梦死，怎能不生祸乱？人人醉生梦死，谁来为国家执戈前驱？拿今天的情形来说，关心身体自然无暇留意黄岩岛、钓鱼岛的被侵，一意享福谁还会去管民族兴亡、他人死活？读史之后，得了警示，对当前发烧的身体也就多了几分深深的忧虑。

林语堂《吾国吾民》专题分析了魏晋士风，讲彼时知识阶级对国事漠不关心，意气至为消沉，乃不旋踵而国势衰微，北部中国遂沦陷于胡族。盖魏晋之世，文人学士间流行一种风气，纵酒狂醉，抱膝清谈，又复迷信道家神仙之说，而追求不死之药。这个时代，自周汉以后，可谓中华民族在政治上最低劣的时代，代表民族腐化过程中之末端，浸渐而演成历史上第一次受异族统治之惨祸。话语中充溢着彻骨的沉痛，读后令人感慨不已。

前车之辙，岂能重蹈？对身体发生兴趣虽然有其合理的一面，但也只能适度，身体之外，还应更多地关心国家、关心天下。

崇让：也说进与退的道理

西晋人刘寔写的《崇让论》不大有人提起，探究原因，也许正由刘寔不幸言中："世多进趣，廉逊道阙"，崇让与现实生活中迹近残酷的竞争委实隔得太远了。

高歌猛进、奋勇向前，"进"让人精神振奋、乐趣无穷。在中国的人生哲学中"进"是主调，何谓正能量？"进"就是正能量的集中体现。人生如逆水行舟，不进则退，一言九鼎，将"进"的动能说到了根上。每个时代，劝人奋进的声音总是特别地响亮，听闻之后使人怦然心动、跃跃欲试。"进"就要争，为国家争、为民族争，事事争先，无可非议；为自己争，为妻、子争，争名、争利，这样的争，常常为人诟病。因此"退有退的好处"，"退一步海阔天空"，此类声音指向虽然迥然有别，却也获得了不少人的响应。急躁冒进会给人带来意想不到的伤害，这是善意的提醒。但"进"的好处似乎更实在、更诱人，所以说归说，与退相比，人们还是乐于"进"。

知退、肯退的古人蔺相如所以受到钦敬，大约也与人性唯知进、不愿退相关。假使蔺相如与寻衅滋事的廉颇硬碰硬，将相失和，兄弟阋墙，赵国本是弱国，周边有强敌环伺，后果之不堪可想而知。蔺相如不愧为智者，深明大义，遇着廉颇处处退让，这一退，退出了将相一心，退出了一个弱小国家的安全。无独有偶，清代高官张英也曾在乡间亲属与邻居关于地产的争持中表现过退的胸怀。"一纸书来只为墙，让他三尺又何妨。长城万里今犹在，不见当年秦始皇。"七绝一首,佐证了这段让人津津乐道的故事。严格来说,真正的智者,是知所进退,进于当进之机、退于该退之时。上文提到的蔺相如便是古代既知退亦知进、刚柔相济的高士,他在以势压人的秦王面前,宁肯玉碎、不为瓦全,绝不退让的强硬身姿,早就定格在中国历史上不畏强暴、奋不顾身的志士之列,理应为崇让但不否定进取的本文所取范。需要强调的是,作者阐发崇让的价值,但心仪的正是蔺相如行为方式中所体现的当进则进、当退则退、进退自如的境界。

  在日常生活的特定情景中,我们经常会碰到不该进、需要退的情形,在利益面前、在荣誉面前懂得谦让,退一退,让一让,特别能够显示出人的品质。反之,一有好处,便见猎心喜,有膻必逐,一味地争、一味地进,轻一点,人际关系高度紧张,重一点,天人共愤,最后必成孤家寡人。韩愈《答侯继书》称:"汲汲于时俗之所争,既不得而怨天尤人。"争了不一定能得,争而不得还因此得罪了人,这样的蚀本生意做多了,人生的道路会越走越窄。在大义面前当仁不让与利益好处面前非我不行,其境界不啻有霄壤之别。

  在汉语的词汇中,退与让常合起来使用,《礼记·曲礼上》称:"是以君子恭敬撙节,退让以明礼。"西晋时的刘寔专门写了《崇让论》,感叹"世多进趣,廉逊道阙",希望人们在名利面前能够保持清醒,懂得退让。在我看来"廉逊道阙"大多是见利起意、习惯而成自然,对退的好处认识不足,不懂得退的内涵、退的价值,如何言退?譬如市场人士近期一直在热议GDP增速放缓的事,不满意百分之七左右的增速。其实,经过几十年的快速发展,人们越来越感觉到,经济发展有其自身的规律,并不是任何时候都是越快越好,超过了资源、环境的承受能力,快就无法持续,慢一点就能稳一点,退一步能走更远。由此可见,即使是进,也有急进与缓进、快进与慢进的区别,利弊得失大可细细斟酌。中央决策层均是具有大智慧的精英,他们深谙此道,主动放缓了经济发展的节奏。

讨论进退问题我觉得关键是要认识退的正面意义，随时有退的准备，如韩愈所说："知吾之退，未始不为进；而众人之进，未始不为退。"（《答侯继书》）应该辩证地对待进退。在韩愈看来，退中其实包含了进，并非绝对的消极。该退不退，急躁冒进，反倒会遭受损失，造成更严重的倒退。要求进步是对的，但直线式的、超越阶段的发展是不现实的。20世纪50年代搞的"大跃进"、高指标已经证明了这一点。当时的中国刚刚结束了长期的战乱，经济落后、民生凋敝，国人发展生产、改善生活的要求很迫切，但十年超英、十五年赶美则完全脱离了实际。跃进不成，反而出现了巨大的倒退，国民经济陷入了极度的困境。可见凡事都不是一蹴而就，前进要讲求节奏、把握分寸，从容不迫、游刃有余。古人的生存智慧中就有一条，叫作"知所进退"。冒进，蛮干，貌似积极，其实与儒家先哲有所为、有所不为的理性秉持差很远。不知道审时度势，好大喜功，知其不可为而为之，是积极过了头。过犹不及，结果可想而知。

谈论进退时有人愿意将其与民族特性联系起来。中国人勤劳勇敢，积极有为，但也不是只知蛮干、徒逞匹夫之勇，缺乏进的条件时就应该退，该退的时候，就应该毫不犹豫地做出决断，退是为了进。从趋势讲，进是应该坚持的大的方向，但在操作层面，有进有退是生活的常态。毛泽东在江西创建红色根据地的情形很值得借鉴。与当时对根据地进行围剿的国民党军队相比，红军力量十分弱小，根据地军民面对强敌，保持了昂扬的斗志，坚信星星之火可以燎原。但在制定红军的具体战略方针时，则确定了一个十六字的军事原则：敌进我退，敌驻我扰，敌疲我打，敌退我追。敌众我寡，红军将领们明白，力量对比悬殊，与强敌硬拼是取败之道，退就能集结力量、寻找有利战机，出其不意、克敌制胜。毛泽东运用这种有退有进、以退为攻的战略战术取得了极大的成功，红军队伍不断壮大，苏区局面也有了可喜的发展。博古、李德等人后来搞拒敌于国门之外，与敌人搞对攻战，拼消耗，红军遭受了极大的损失，到最后中央根据地也沦于敌手。由此可知，积极进取的处世方式应当包含知所进退、有所为有所不为的人生智慧。不作为是因为受客观环境、主观能力的限制，退往一旁，静观待变；不可为而为之，与客观规律拧着劲，结局可想而知。敌强我弱，退——"不为"的合理性就包藏于此。退不是消极等待，而是积极创造有所为、可以为的条件。

最后我想说，这里所说的崇让、知退，与麻木不仁、不思进取不可同日而语。"世情当出不当入，尘缘当解不当结……"（袁宏道《答李元善》）意趣貌似与本文所说的崇让吻合，其实不可同日而语。我们所说的退是为了进，含着共同进步、允许人家进步的意思。如欧阳修所说，允许别人出一头地，不可一意自先、不欲人先。由此，我又想到了上面提到的刘寔的《崇让论》。刘寔的《崇让论》主要讲让贤，"让人出一头地"，将位子留给德才兼备、能干会干的人，这样做既体现了做人的风格，也保证了事业的发展。

从汤武革命说起

"汤武革命,顺乎天应乎人",这是载于《周易》中的话,说明革命这类激烈的社会变革古已有之,既非舶来,也不是现代的时髦行为。对于历史上发生的这两场古代革命的正当性,在古人中是存在争议的。《孟子·梁惠王下》记录了孟子与齐宣王这样一段对话:齐宣王直截了当地发问:"汤放桀,武王伐纣,有诸?"孟子对曰:"于传有之。"曰:"臣弑其君,可乎?"曰:"贼仁者谓之贼,贼义者谓之残,残贼之人谓之一夫。闻诛一夫纣矣,未闻弑君也。"孟子不愧为古代的智者,反应极快,机智地将正义与非正义置于帝王身份之上,压缩了礼制、纲常伦理的适用范围,从而赋予汤、武行动的合法性。苏东坡读书心细,认为孔子其实并不赞同汤武,因是周人,未便明说而已。但孔子肯定不食周粟的伯夷、叔齐,其实已经曲折表达了他的这一观点(见《东坡志林·论古》)。苏轼此说虽然合于实际,却不能作更多的延伸,证据是在儒家经典里,我们经常能见到含着反意的言说,《尚书》"时日曷丧,予及汝皆亡!"是公然号召抗争,反意昭彰。经孔子删改的《诗经》也保留了不少老百姓不满的声音。近人刘声木在《苌楚斋随笔》中也表达了"汤可武不可"的不同意见,肯定前者,否定后者,指其为篡逆。可见这种争论到今天仍在继续。

我们知道,不管是篡逆还是孟子所谓诛一无道的独夫民贼,实质都是犯上作乱、挑战已有的社会秩序。可见一贯倡导君君臣臣纲常伦理的儒家创始人,也并没有一概地否定造反。列宁曾断言当统治阶级再不能照旧统治下去,而被统治阶级也不能照旧生活下去的时候,就会发生革命。中国古代圣人的智力真是超乎想象,早在两千多年前就已经认清楚了这个道理。读过《诗经》的人都熟悉《硕鼠》这一篇,有说是反映阶级斗争,阶级斗争照理会引发革命,《诗经》由孔子编成,思想真的一点也不保守！在欧洲,自17世纪发生英国资产阶级革命以来,"革命"一词,如雷贯耳,马克思将革命称为在欧洲上空到处飘荡的"幽灵",期盼其能激荡起一股推动时代前进的洪流。

也许是革命的魔力太大,记得十几年前,有人在文章中主张"告别革命",立即引起一阵骚动,被人合围、口诛笔伐,被视为大逆不道。有趣的是,没过几年,社会各界回过神来,讲求秩序、重视维稳,之前崇尚革命的论调反觉有些刺耳,倘有人再出来提倡"告别革命",我觉得虽然不一定能得着普遍的响应,但至少不会再有那样激烈的反弹了。这里的道理只要想一想就会明白的。革命就是一部分人革另一部人的命,动静大的便得天下大乱,更大点的就要改朝换代,刀光剑影、血雨腥风。革命的结果不外乎两种：一种是革命失败,起事者遭到镇压,下场不外是杀头、判监。清末立宪派打出了维新的旗号,意思是不触动帝制,有意显示温柔,放软了身段,然而未成气候便遭弹压,结果也仍然是杀头、充军。一种是革命成功,河东翻为河西,本来的统治者成了阶下囚,本来的受压迫者坐了天下。仔细考量这样两种结果,不外乎一部分人得天下、一部分人失天下。如果不能置身事外、必须抉择,那就得认真地掂量一下,革命之后自己是属于得天下的那一部分还是属于失天下的那一部分？计及利害,对待革命的态度也就很自然地确定下来了。

秦末的陈胜是要革命的,微时就有所谓"鸿鹄之志"。据司马迁的描述,当时他的处境十分艰难,食不果腹、衣不蔽体,更看不到什么出头之日,处在列宁所说的快要活不下去的状态,比起周遭懵懵懂懂的农民兄弟,陈胜觉悟得早,早早地萌生了反意。他一边耕种,一边在身边的农民兄弟中搞"思想启蒙",目的当然是为了鼓动革命:王侯将相宁有种乎?这设问,惊世骇俗,带有极强的煽动性,倘被告发,必惹杀头之祸。可惜当时的听众虽极不济但尚有衣食,介于活与不活的边缘,且生性蒙昧,如此激动人心的呼喊,竟未能得着积极的响应。但陈胜自己则有了充分的心理准备,到了革命要死、不革命也要死的时候,一挺身,就出了头,而此时的听众也换了一群陷于绝境、不反也死的征夫。果然是登高一呼,应者云集,顿时成了气候。一介贱民,侥幸成功后竟也一度称雄于秦末那个群起逐鹿的大乱局。项羽也一样,早年不愿读书要学剑,学剑不满足便开始揣摩可作"万人敌"的兵书,大约早就有了"彼可取而代之"的"妄念"。天下一乱,豪杰蜂起,给了早就跃跃欲试的项羽乘时而起的机会。有一点虽与本文题旨关涉不大,作者认为也值得注意,那就是陈胜发达前与身边一帮穷哥们有"苟富贵毋相忘"的约定,起义得手后他不愿践行,对微时的伙伴冷眼相待,意思是要独享革命成果。史书惜墨如金,司马迁记下这一幕,极表批评之意,而这大约也是历史上农民革命的通例。洪秀全不会允许旁人插足其富丽的后宫、挑战他君临天下的权威,天京城里手足相残、血腥内讧便是证明。明太祖为了防止革命再起,祸生肘腋,竟将随同他起义的功臣诛杀殆尽!卧榻之旁岂容他人鼾睡!同一个人对待革命的态度居然可以发生如此前后迥异的变化。在《阿Q正传》中阿Q是革命派,赵太爷是不准革命,赤脚的和穿鞋的对待革命的态度就是那么泾渭分明。然而更有趣的还在赤脚的要革命,一穿上鞋子,混得人模人样,便不愿革命。都说这是情理之中的事,但这情理又该作怎样的解释呢?阿Q一死,小说就结束了,作者因此没有述及,让人稍感遗憾。不过鲁迅后来说到绍兴革命党人王金发的经历,涉及了这个问题。马克思主义的经济分析法最为灵验,谁是今日世界的赵太爷,谁是今日世界的阿Q,及他们对待革命的态度,运用这一方法稍作观察与思考就可分晓了。

虽然革命极有来头、并非舶来,圣人也不反对革命,理由大多充足,不过我是倾向实行改良而不是革命来实现社会进步的。这倒不是因为家里坛坛缺罐罐多,心有不舍,主要还是从社会大局考虑。如前所说,一革命天下就会大乱,汉末黄巾起义,战火蔓延,殃及多少无辜。曹操诗里有记载,"白骨露于野,千里无鸡鸣",一片凄惨,覆巢之下,岂有完卵?"文化大革命"还是不久前的事,当时情景大家都记忆犹新。现代社会发生动乱很少会有真正的赢家。所以我劝世人头脑千万不能发热、不要糊里糊涂跟在别人身后瞎起哄。当然,告别革命其实也不容易,能不能告别并不决定于个人意愿,关键是要建构公平正义的和谐社会,清除腐败、摒弃特权,实现共同富裕,让所有社会成员都能感受到进步、发展带来的好处。换言之,告别革命就要进行社会改良,用持续的渐进的改良代替激进的暴力的革命。有意思的是马克思恩格斯竟也有类似的想法,在《共产主义原理》中,恩格斯说共产主义者最希望看到社会的有序发展和改良中的进步。中国这几十年来的改革实践,实质也是改良。其社会效果大家有目共睹。

由此可见,维稳不应理解为维护少数人的既得利益,维稳的基础是社会的公平与正义,这里的关键是要不断改良,减少社会矛盾,而改革与反腐的积极意义也因此获得了体现。拒绝改良讲维稳,与缘木求鱼有什么两样?这就像竹篮打水、水中捞月,不可得也。

"麝贿"的启示

说人的智力不如动物,谁也不会相信。读刘基的《贿亡》,再比较近期中央加大反腐力度后,媒体上不断有高官涉贪落网的消息公布,不得不承认刘基所说确有一定道理,觉得智力不如动物的似乎大有人在。高官肯定有不俗的智商,连他们都输给了动物,这给我们的警示难道还不够大吗?可见人的头脑并非全都为理性与智慧占领,尚有其光芒未达的黑障与盲区,不深自检点、放纵一下,便会有失足的危险,陷进去,就很难爬出来了。而这也给所有关心此事的人提出了一个很有价值的思考题目:人的智力为何输给了动物?

刘基是明初的高官,又是一位才华出众的文人,公务之暇喜欢写东西自娱并娱人,最拿手的便是写隐含了人生机智的寓言,其中一篇《贿亡》只有百余字,寓意深刻,殊堪回味。文章讲被猎人追逐的麝鹿,眼看走投无路,又料定来者纯为其脐下的麝香,保命与破财一较量,立马忍痛割爱,挖下了身上的麝囊,以麝相贿,丢卒保车,终于脱身而去。麝囊丢了,性命却无大碍。读后忍俊不禁,觉得那真是一头聪明的麝鹿,懂得孰轻孰重的道理。读到文末刘基的感叹:"是兽也,而人有弗如之者,以贿亡其身以及其家,何其知之不如麝耶?"却又笑不起来了。人弗如兽,何其愚也!读刘基的寓言很自然地会想到另一则古代寓言,讲有人乘船过河,不慎翻船落水,此人背着沉重的钱袋舍不得丢弃,最后力竭而亡,终于人财两空。后面这则寓言虽然没有动物出场,其实说的同样也是人不如兽的事情。

人的智力真的不如动物吗？当然不是，我觉得确切地说，是聪明过了头，或说是在极其简单的利弊权衡中出现了迷思，聪明反被聪明误，才落了个"贿亡"的可耻结局。这也是我日前从报上看到一则消息后产生的印象。报道讲南京建高铁南站，拆迁过程中有一位刘姓村支书弄虚作假、上下其手套取拆迁款的事，听起来很像是在说八卦，感觉那人的智力不逊于三国时足智多谋的孔明。刘支书动足了脑筋，为捞钱所用的那一套"组合拳"让人眼花缭乱，真是把人的智力运用到了极致。他先将早就被人废弃的广告牌竖起来，名正言顺地寻求拆迁赔偿。以后又盯上了无主的坟头，挖空心思将无主坟变成了有主坟，平添了要钱的理由，应了棺材里伸手的老话。机关算尽，反害了卿卿性命，尽管一时得逞、捞了不少钱，但东窗事发后锒铛入狱，身陷囹圄，钱再多又有什么用？贿亡、贿亡，因贿而亡，前车之辙、后车之鉴，虽然因贿得了好处，名表豪车、花天酒地，着实让人羡慕，但是其中所含的风险，当事人难道真的不清楚吗？一旦败露，如何收场？前因后果明摆着，但还是有人会伸手，为什么？就是因为当事人有自己精妙的盘算。大约涉贪的人出手捞钱时总是怀着侥幸，以为只要做得隐秘，人不知、鬼不觉，就能安然过关。忘记了若要人不知除非己莫为、"伸手必被捉"的道理。人为财死，鸟为食亡，凡人，不贪则罢，一贪，断然走不出这个怪圈。

《贿亡》主要讲因贿而亡，作者声讨财迷本性、贪欲误人。刘基生活在元末明初，是明太祖的近臣。明初因元末之乱，纲纪废弛，朱元璋用重典治国，贪官定罪后甚至会处以剥皮塞草的酷刑，按说当时的吏治应该是清廉的。缘何刘基会写这样的寓言？情动于中形于言，如果《贿亡》也是作者有感而发，不是间接地说明即使明太祖严刑峻法、官吏们头上高悬雪亮的达摩克利斯剑，依然有人铤而走险，以身相试？若果如此，与麝相较，这样的人不是更显其愚不可及吗？看来人性正如孟子所说有善有恶，一旦失了理性的框范，昧了良心，贪欲就会膨胀，一膨胀，就见利忘义、进退失据。由此可见，反贪肃贪应当警钟长鸣，不能指望搞个把反腐败运动就能一劳永逸地解决问题。

《贿亡》表达的另一层意思是进行抉择时要区分轻重。识大体、知轻重虽然是大家都明白的道理，但不还是照样在这里犯错，一失足成千古恨、懊悔无及。举个例子来说吧，中国的读书人都知道，传统文化重名节、轻去就，但是读书读多了也会犯糊涂。20世纪30年代卢沟桥事变发生后，日本军队开进了古都北京，爱国的文化人不愿做亡国奴、不愿在侵略者的刺刀下苟且偷生，扶老携幼，踏上了颠沛南行、参与抗战的漫漫长途。文化名人周作人以家累为由不愿南下。周作人，文化巨子，大名鼎鼎，在敌占区生活，隐不了姓、埋不了名，不与日寇合作，能行吗？以周作人的智商，肯定是想明白了；想明白了，仍然决意留下，大概当初就已经有了下水的打算。君子爱人以德，大后方与海外的朋友都不忍眼睁睁看着这位被称为当时中国最杰出的学问大家自毁名节，纷纷致信，要他以大义为重、作速南下，自珍自重，勿作民族罪人。其中特别值得一提的应是胡适寄自美国的诗，诗里竟也明确提到了识大体、知轻重这层意思。"藏晖先生昨夜做了一个梦，梦见苦雨斋中吃茶的老僧，忽然放下茶盅出门去，飘然一杖天南行。天南万里岂不太辛苦？只为智者识得重与轻。梦醒我自披衣开窗坐，有谁知我此时一点相思情？"诗人动之以情、晓之以理，周作人此时如果还有一点良知，听了"智者识得重与轻"的提醒，一定会"涩然汗下"，立即做出正确的抉择。遗憾的是，周作人的智力这时出现了一片可怕的盲区，连麋都能分清的轻重，他却作了严重的误判，下了水，湿了身子，从此没了退身步。

临终之言未必尽善

进入21世纪后,社会发展的速率持续加快,时移景迁,人情物态都发生了巨大的变化,让我们这些多多少少受过传统文化影响的人陡生了许多困惑。

就说穿着吧,先前的无性别、无个性、无色彩确实过于单调,太不把人的审美意识当一回事了,但是今天的无袖、超短、露脐恐怕也不是当年曾为女士的爱美之心说过话的鲁迅所能接受的。如今的时髦女士们仿佛都是西方"极少主义"的追随者,女式的时装正向着"三点"前进,不知"三点"以后又会怎样?特别值得一提的是,穿着招摇的女士们还公然以"迷你"相号召,莫非这些思想解放的女郎真的要把那些本来谨守规矩的男人们搞得心猿意马、迷了本性不成?然而与恶人施暴路见不救、落井下石、趁火打劫、人心不古相比,穿着的变化实在是小巫见大巫了。可是,让我感到诧异的是,为什么对身体的暴露,我们还能听到批评的反应,而对心态的异化,人们的反应竟然如此麻木、见怪不怪呢?

古人云:人之将死,其言亦善。大凡人之将死,转辗病榻,自知来日无多,名利之念顿成浮云,对世情便有了几分超然,始自垂暮之年对自己一生行事的反思此时也有了结论,于是所思所言不仅充满自我批判的精神,对那些与自己有过过节的人也更能够通过责己而有尽去前嫌的宽容,抛下旧日的龃龉与恩怨。将子女亲朋们招来,分剖财产、交代后事之后,无非是人生经验的传授和末了心愿的告白。

这最后的留言虽然严肃却不沉重,虽然含着告诫,但因为浸透了真切的人生经历,对于听者来说亲切自然、声声入耳,聆听之后往往大为动容,体会到人情的崇高,并由此知道了什么是人生彻悟的境界,对那一个不久于人世的亲人充满了敬意与爱意。五丈原上,生命垂危的诸葛亮为帐下的部属指点迷津廓开大计,最后还留下锦囊,使数十万蜀军得以全师而退。蜀中父老谁个不盛称孔明功德。于右任先生"葬我于高山兮,望我大陆",充满了日暮途穷、家山难归的感慨,感动了多少聆听过于先生呼喊的人们。可是前些年在《文艺报》(2000年4月15日)上看到"姚雪垠希望身后发表的谈话"后,感觉却很是不同,我直觉地意识到,对于那些被姚先生在这篇"临终前的谈话"中点了名的人来说,对"善言"的期盼,必将化为一场真正的噩梦。

姚先生身后最想发表的话是分两次说的,其间间隔不到20天,主旨只是两个:批评郭沫若,自称是当代小说创作的权威,是思想文化界前无古人后无来者的一骑绝尘。凡是读过姚先生这篇谈话的人,都不会认为我的上述介绍中包含一丝夸张,姚先生就是这么说的。姚先生"临终前的谈话"与古人撒手人寰前的宽容与通达相比有天壤之别。对姚先生的一生业绩进行全面的评估绝非这篇短文所能做到的,但姚先生确实不是等闲之辈,他的过人之处大家也是看到了的,《李自成》出版的时候,文化界也热闹了好一阵。姚先生的自我感觉当然是出奇地好,于是"老夫聊发少年狂",不屑于蹈袭老路,临终之际说些不温不火、你好我好大家好的话。他的告别宣言傲视群雄,以文坛领袖自诩,振聋发聩,极不寻常,我只是对谈话发表之后没有引起学界的太多注意深感意外,因此有了文首那一点感慨。

虽然已是烈士暮年,但姚先生依然英气勃发,耿介之习不改。他喜欢实话实说,并不避讳临终臧否人物,这些都是值得钦敬的。姚先生阅历颇丰,在他洞幽烛微的目光中可以拣出批评的人一定不少。他晚年在文坛招朋引类、呼风唤雨,还曾与人就文学的主体性问题发生过颇带意气的论争,风闻论辩中没能占得上风而心有不甘的姚先生一度还有诉诸官司借助非思维超思维方式解决学术问题的打算,后来不知怎的就偃旗息鼓了。临终留言,若要骂人,当然应该骂这些招惹过他让他感觉不快的论敌。奇怪的是,他偏偏挑了个不曾与他有过龃龉且早已作古的郭沫若,真让人匪夷所思。但思量之后却有了别样的收获。原来郭沫若死后盖棺,被尊为鲁迅之后中国现代新文学的又一面旗帜,但郭沫若生不逢时,晚年遇上了"四人帮",高压之下说了许多违心话,其行止因此颇受学界非议,旗帜动摇,文坛帅位有出缺之虞,人人都欲取而代之,姚先生大约也有了自己的想法。姚先生此时发声,直截了当,说"郭沫若这个人我一生最不佩服",有鉴于郭沫若"文革"中让人诟病的表现,这样说想来一定能够获得认同的喝彩,人们对姚先生"郭沫若的史学、哲学底子不厚,还不如我"这一肯定否定并包的断语,也就再不会发生任何接受的困难,寻找新旗帜的线索似乎也有了眉目。白纸黑字俱在,姚先生的这些心思读过文章的人都能够合理地揣度。姚先生批评郭沫若可能觉得不过瘾,因为批评郭的人已经很多,于是谈话中又出现了批评茅盾及其《子夜》的内容,说是单线发展,不足为训,他的《李自成》则是复调小说。中国现代新文学史鲁郭茅并称,一个虽有定评,但已经作古,另两个都被姚先生揭出了问题,这下万事俱备,于是姚先生便可乘势坐上当今文坛的第一把交椅。为了坐定这把交椅,姚先生在第二次谈话中还斩钉截铁地判定:"可以不谦虚地说,写小说的都是跟我学的。"姚先生用了一个全称判断,言之凿凿,笔者孤陋寡闻,不曾听说当今小说界谁个声称自己是姚先生及门的或私淑的弟子。姚先生生前并没有达到登高一呼应者云集的境界这是事实,不能免俗的他可能也感到了失落,于是说到痛快处,竟将一些不能与人道来的隐秘心曲也抖落了出来:"我从小青年起,就忠实于历史唯物主义。我对中国革命的路线很有研究,我这两年在研究苏联问题上也有自己的看法。我是个目光四射的作家……"没有人崇拜便自我崇拜,何等的痛快!这心态我仿佛在鲁迅小说中人物身上见过。然而,精通历史、掌握了唯物辩证法的姚先生的智商自非鲁迅小说中乡野人物可比,因此他恐怕不能否认这样一个历史事实,当他忠实于历史唯物主义的时候,中国共产党中的精英人物还在为寻找适合中国革命发展的道路苦苦地探索着,而姚先生居然对中国革命的路线也积累了许多心得!姚先生的形象因此大大地膨化了,他既是当今中国的大文豪,也是精通历史唯物主义的大思想家,因为对中国革命与苏联问题深有研究,姚先生也应是革命家、战略家、国际问题专家。

姚先生不愧是一个颇有心计的聪明人,一方面,他不愿遵行临终发声、其言当善的古训,临走说了不少对人不敬、自吹自擂的话;另一方面,他又巧妙地利用了人们对将死之人其言亦善的心理预期,将这些蓄积于心、不吐不快、生前说出又多有不便的话塞进了他的临终谈话,巧妙地减少了许多接受的阻力。说得痛快,兴尽而去,至于别人痛快不痛快就管不着了。但是我想,君子爱人以德,隐恶扬善,生前说不得,身后就说得了嘛?尽管姚先生颇有心计地将生前之话放在身后发表,自己因此可以安然脱身,含笑而去,但盖棺之论,不能由棺内人说了算,姚先生这番"情辞恳直"的话是否能够获得世人的认同,还说不定呢!

行文至此,忽然想起洪迈《容斋随笔》批评写《后汉书》的范晔,说:"人苦不自知,可发千载一笑。"平心而论,姚先生创作确有成绩,临终留下这些"可发千载一笑"的文字,在我看来其实是很不值得的。

文章得失

大學國文

读书说序

近日读书,看到不少先贤谈论书序的文章,从中可以发现古人对书序的重视。我注意到今人印书,封面封底常常印有不少名人的赞语,似是用来为该书的价值作保,这和请名人写序异曲同工,但用意似乎更为直接。书序的价值、书序与书的关系也确实值得人们加以思考与研究。

读书人用功,过去大多冲着功名,如今入仕仍是热门的出路,但当官之外也别有成家立业、有所作为的门道,读书写作,以学术为职业,就是一种不错的选择。文章写多了就成书,出书时大多要写序和跋,序和跋最初是为阐发著述宗旨而设,后来有了进一步扩展,展示书中的主要观点、揄扬作者独特的创获,让读书人在第一时间了解全书的面貌、结构与价值,也成了书序写作的通例。姚鼐《古文辞类纂序》将序定义为"推论本原,广大其义",大体上说出了书序的主要功能。书序篇幅有限,但在行内人看来,它是书的门面,总得精心构思、小心落笔才是。为了达到吸引人的目的,不独设辞需要警策,文采亦应斐扬,提要钩玄,广征博引,竭力将作者不俗的才情显示出来,不觉满意决不能随便收手。20 世纪 60 年代初,何其芳受命编辑《不怕鬼的故事》,文韬武略的一国领袖毛泽东政务繁剧,还拨冗亲自为何其芳三改书序,如此亲力亲为,适足以成为词林中的佳话。自己平时读书,也常常看到砖头一般的巨著按了一个迹近草率的序言,其中不乏名人,为此很是叹惋一番。

总起来看,书序像是引领读者进入书境的一通"荐书",形成读者对该书的第一印象。吸引读者,有一篇好的书序确实很关键。像大多数人一样,我读书的时候也总是先把序文看过,然后参酌序文中关于题旨、关于背景、关于内容的提示去读正文。书序不出彩,读了让人提不起精神,书被弃置不顾,我想这也是大家都有的经历。大学学英文时,曾经读到一篇名为"How to Study"的文章,其中一节就是教人在读书前先阅读"preface"(序文),可见外国人对书序的看法与中国人差不多,一样知道它对阅读的帮助。不过比较起来,我觉得中国的古人更懂得书序的妙处,不仅将它本有的功能发挥到了极致,还巧妙地把序文作为展现其才情、披沥其肝胆与怀抱的重要载体,突现了序文独特的文化价值。在文学史上常常见到这样的情形,一首短诗,一篇短文,却按了一段长长的序文,前人编辑古文选集,收入的书序居然占了好大一块。《滕王阁诗序》最可怪,小小一首七律,56个字,序文字数多达八九百,且诗以序名,背得诗序的人不见得看重这首短诗。同样地,《兰亭集》收了哪些作者的作品如今已不大能引起关注,正文庶几湮灭,而王羲之所作序文却成了文化史上的一座丰碑。李白的《春夜宴从弟桃李园》,诗不大出名,但诗序一唱三叹,引譬连类,产生了极大的影响。

> 夫天地者,万物之逆旅也;光阴者,百代之过客也。而浮生若梦,为欢几何?古人秉烛夜游,良有以也。况阳春召我以烟景,大块假我以文章。会桃李之芳园,序天伦之乐事。群季俊秀,皆为惠连;吾人咏歌,独惭康乐。幽赏未已,高谈转清。开琼筵以坐花,飞羽觞而醉月。不有佳咏,何伸雅怀。如诗不成,罚依金谷酒数。

序文自然流畅,仿佛是信手写来,给人的感觉却是文字精美,开合有致,举重若轻,从心所欲,内含极大的精神能量,一下子将读者的情绪调动了起来,人们的心绪一定会跟着不俗的行文跌宕起伏。因为看重书序,作者们炼字造句更是不遗余力,书序中不少精警之语千载传颂,像"落霞与孤鹜齐飞,秋水共长天一色"(王勃《滕王阁序》),"大凡物不得平则鸣"(韩愈《送孟冬野序》);"忧劳可以兴国,逸豫可以亡身","祸患常积于忽微,智勇多困于所溺"(欧阳修《新五代史传序》),"人之生斯世也,但知以已死者为鬼,而不知未死者亦鬼也"(钟嗣成《录鬼簿序》),清词丽句,妙语连珠,文辞之美、思虑之深、想象之奇,让人感佩不已。文章千古事,得失寸心知,因为自珍自爱,序跋结集梓行的为数也不少。在刘勰的《文心雕龙》中,序便被看作是一种独立的文体,不再被视为书作的附庸。我由此想到了中国现代文学史上一篇著名的序文,这篇序文的作者被认为独具慧眼,最早发现了鲁迅的价值,标定了他在现代新文学史上的地位,而《鲁迅杂感选集序》也因此成了修习中国现代新文学史必读的文献。

　　我们知道,新中国成立后的鲁迅被誉为中国现代革命文学的一面旗帜,极受尊崇。然而考量鲁迅生平,他在上海滩上坚守革命文学的阵地时,情形其实十分尴尬:不仅受国民党御用文人的围攻挞伐,一度还被通缉;在左翼作家内部也颇受猜忌,屡遭冷箭、伤痕累累。瞿秋白编《鲁迅杂感选集》,亲写序文,对鲁迅杂文的战斗品格、对鲁迅的进取精神作了公允的分析与阐发,其中"鲁迅从进化论到阶级论,从绅士阶级的逆子贰臣进到无产阶级和劳动群众的真正的友人,以至于战士,他是经历了辛亥革命以前直到现在的四分之一世纪的战斗,从痛苦的经验和深刻的观察之中,带着宝贵的革命传统到新的阵营里来的"特别引人重视,它高度概括了鲁迅坚持韧性战斗、思想情感不断与中国革命合辙的人生轨迹。鲁迅读后感慨万分,说是"人生得一知己足矣,斯世当以同怀视之"。

　　以上说的都是书序的好处,所持观点相反的不同声音也并不鲜见。读刘声木《苌楚斋随笔》,其中有一节专门介绍郑板桥的相关见解。郑板桥的《家书自序》说:板桥诗文,最不喜求人作序。求之王公大人,既以借光为可耻,求之湖海名流,必至含讥带讪,遭其荼毒,无可如何,总不如不叙为得也(《板桥家书自序》)。需要指出的是,板桥不喜请人作序,但并不否认书序的价值,也许正是因为重视书序的作用才有了自序还是他序的考量。平心而论,邀人作序、借重名人"广大其义",这也是情理之中的事。一般来说,所请者总是当时的名家、大家,且与书作者亲近。一旦接受请托,便暗含了答应在书序中将作者与作品肯定、褒扬一番的那个意思。同意为人作序而在书序中公开轻薄、讥讪作者的情况很少见到。郑板桥被后人视为文章大家,这样的名人还有请人作序而受人奚落的经验,不幸落入了这少之有少的行列,真的有点难以想象。序文写出味道、成为名文,作者因此扬名、书作跟着受益,这似乎成了书序的通例,唐宋八大家的文集中不少便是序文,受人请托的代作又占了很大一块,内容大多是结合自己的见解、学识、经历,对书中的观点作进一步的发挥与提升,肯定、赏识作者的意思一目了然。我所知有限,掌握到的唯一例外,便是近人郭绍虞请胡适为他的《中国文学批评史》作序,胡适虽然赏识郭绍虞的才气、平日曾给予这位后辈许多提携,但在序文中却表达了对该书的不同看法,不认同作者关于文学史分期的见解,对用现代观念(神、气)来评说古人的方法也持有异议。《中国文学批评史》是大学教科书,是否要列入含着不同意见的胡序着实让郭绍虞为了难,最终的结果是弃用。作为后学,我深觉遗憾,在序跋中溢美之词充斥泛滥成为时尚的今天,出现一篇与作者书中所持观点不同、表达商榷和讨论之意,但又是与人为善的序文,该是件多么难得的事啊。

有意思的是,宋代的文章大家黄庭坚也一样不看好请名人作序,挟名人自重。他认为自家写的文章好即行,文章好再请人作序,借用王安石的说法,那就是"佛头上著粪"。黄氏的原话是这样说的:"前承谕作《木假山记》跋尾,以明允公(苏洵,作者注)之文章,如天地之有元气,万物资之而春者也,岂可复刻画藻绘哉!往年欧阳文忠公作

《五代史》,或作序记其前,王荆公见之曰:'佛头上岂可著粪?'窃深叹息,以为明言。"(《黄庭坚集》第295页,凤凰出版社2014年版)在黄庭坚看来,书好,无序也照样传世;书不好、序好,序传书不传,费心请来名家也是白搭。平心而论,这话也不无道理。当然,书好、序也好,书和序相得益彰、好上加好的情形,在著作界也屡见不鲜。

  细分起来,黄庭坚的立意与郑板桥其实并不完全相同。郑板桥说序关注书序自作与他作的区别,反对借名人自重,黄庭坚则进一步降低了书序的作用。这一观点,居然得到了明代竟陵派的代表钟惺的赞同,不过他的意见更觉绝对,断定书序不能为著述增色,书序可有可无。钟惺在其文集《隐秀轩集自序》中说:"古诗文多无序。非终无序也,未尝身乞人序;非徒不乞人序,而己亦不自作序。凡以诗文者,内自信于心,而上求信于古人在我而已,初非序之所能传也。迨其必可传,而后序兴焉。故有诗文作于数百年之前,而序在数百年后者。传而后有序,非待序而传也。如其传,则亦不必序矣。"钟惺的观点是如果书能传世,有序无序都已无关紧要;如果书不能自存,则序即便写得天花乱坠,对书的传播也不会有多少帮助。他还用自己的《隐秀轩集》的遭际来加以证明,说:"予向者非无刻,刻非无序。今所刻之诗已尽去(全部删去,笔者注),而序乃无所附。此亦不必乞序于人及自为序之验也。"所刻尽去,序无所依,确实是一种尴尬的经历。钟惺参透了著书人的心思:以序誉书,为书扬名。前面讲到,如今出书,作者在书的封面上印上不少名人的赞语,形式略有不同,目的却是一样,不过更为直接罢了。需要说明的是,钟惺上面对序的评述,着眼于序与书的关联,强调书是书,序归序,书不能因序而升值。至于序文本身的价值则另当别论。在《摘黄山谷题跋语记》中,他对山谷精妙的序跋极为赞赏,也认为"题跋非文章家小道也"。

  就我个人的著述经历来说,早年也曾请人写过书序,有的是因为政府资助出版,条件是要名人作序推介,如《文艺理论的世纪风标》请了如今已故的南京大学许志英老师;有的则是为了感谢关心、提携自己的师长,而请他们作序,如《美育新思维》《斜阳旧影》。作序者都是同行的专家,对我也比较熟悉,序文评点拙著都能贴近实际。近年出书已不大求人,序文都是自作。当然不是怕有郑氏提到的不幸遭遇,主要是不想麻烦人,健在的师长都已年迈体衰,不好开口相求,再加上对自己动手写序的好处也有极深的体会:借着序文不受羁绊的形式一吐肝膈,发泄发泄写书时的劳累与憋闷,披露著书中的心得,感觉也是一件很痛快的事。

道德之归，外之为文

我在学校开设"古代人物文化性格"选修课的时候，曾将韩愈的《答李翊书》列为参考文献，当时只是被"行之乎仁义之途，游之乎诗书之源"一句打动，觉得它体现了中国古代读书人的人格追求。其实这封信内涵非常丰富，近期得闲，翻检出来，读了几遍。其中"道德之归，外之为文"，格外引人注意。作者强调道德与文章的联系，认为文章以道德为根基，生成于德性的言语，才拥有道德的力量。据此，韩愈强调应先立德然后立言，将德性的培植视为取得立言资格的前提条件——"养其根而俟其实，加其膏而希其光，根之茂者其实遂，膏之沃者其光晔，仁义之人，其言蔼如也。"作者的这一层意思在信里被反复强调，令人印象深刻，特别是联系今日学术场中浓厚的功利意识，诋诽、吹捧乃至造假，种种失范现象比比皆是，学术活动中混入了非学术的诉求，写在一千多年前的这封信，竟然有了很强的针对性。

有德者必有言，"仁义之人，其言蔼如"，有德者和颜悦色的发声，让人如聆珠玉，富含精神拔擢的力度。我生也晚，憾未能恭逢嵩阳、白鹿洞、岳麓书院那些令人神往的学术盛会，更无论会稽兰亭的高人雅集，但读《论语》"侍坐"一节，生活在遥远时空中的有德长者与青年才俊一场推心置腹的对谈中那些含着鼓励、含着欣赏的话语里流露出的谦和、睿智的人格魅力经受住了岁月的磨砺，就像春风化雨，深深地打动了我。受此启发，检讨自己的阅读经验，平时常向人津津乐道地推荐丰子恺的散文，当时只是从审美一方面考虑，现在想来，丰氏那些描写身边琐事的文字浸润了作者的爱心与善心，亲切平和，完全可以看成是作者高洁人格的肖像，在这位散文大家表面看来一贯简淡文风的背后却是浓烈的人伦情意，文质彬彬，应当是德性的发声吸引了我。

言为心声，"取于心而注于手"，功夫在诗外，这些说法都含着古人注重读书人道德践行的意思，认为写文章、做学问的人应当高标风节，并将这些因素融注于文章之中，垂范后世。我们知道孟子有知人论世的说法，重视修身、倡导养气。曹丕论文，袭用孟说，也将文章与做人联系了起来，说"文以气为主，气之清浊有体，不可力强而致"。这里的文气可以理解为文章中作者以知识、品行为底蕴的人文情怀，它在文章中自然而然地流露出来，不能勉强、更无法伪饰。"五四"时期，周作人受时代思潮的影响，态度积极，热情地投身新文化运动，那时他的文章，鼓吹进步的文学观，反对军阀专制，文气酣畅，读了让人振奋。"五四"落潮后，作者转趋消极，写五十自寿诗时，委琐、卑微之态，尽显笔端。文如其人，人变文也变。汪精卫"慷慨歌燕市，从容作楚囚。引刀成一快，不负少年头"，意气风发、壮怀激烈，而他在河内发"艳电"，向侵略者输诚时，虽然闪烁其词，也难以掩盖做贼者的心虚。

韩愈是信从孟子"养气"的，也希望看到文章中有"浩乎其沛然"之气的激荡澎湃，此气是无私的、纯粹的，是至大至刚的，蓄以为文，则"言之短长与声之高下者皆宜"。在韩愈看来，学问文章与处世为人应当是统一的。用他的话说，就是"处心有道，行己有方，用则施于人，舍则传诸其徒，垂诸文而为后世法"。人生境遇有达有穷，著书立说，虽然属于私人行为，与兼济没有直接的关联，但做学问、写文章、白纸黑字、垂范于世，彰显作者的人格，有更高的道德追求，许多学术大家的高风亮节让人钦敬。在我看来，学问文章与处世为人统一，虽然境界极高，却为许多品行高洁的文人学士所企求；两者相互背离，做学问写文章是一套,处世为人是另一套,则不免为人所诟病。有的人公众场合夸夸其谈,但心地并不光明正大,私底下常干一些见不得人的事,文章写得再好,也不足为训。

  现代中国发生过许多学术争论,学人们囿于门户而生意气,往往夹杂了许多不实之词,必欲置人于死地。这同王安石与苏轼政见不同仍为朋友,切磋诗文、交流心得,其胸襟与意趣,不啻有霄壤之别。鲁迅重视论争中的理性,强调"辱骂与恐吓决不是战斗",反对将严肃的讨论问题蜕变为妇姑勃溪;胡适对鲁迅虽存歧见,却竭力制止其弟子对鲁迅的非理性攻击,称凡论一人,总须持平。爱而知其恶,恶而知其美。尊重对手,容纳不同意见,体现了词林中人的德性,大师是我们的榜样。当今学界故弄玄虚、卖关子、掉书袋,热心于建造思辨迷宫的现象也大量存在,这样做其实掩盖不了当事人的浅薄与空虚。做老实人,实事求是,有几分证据说几分话才是正道。强不知为知,失了学人的本分,做人不诚实,岂能产出真正的学问?至于心术不正,刻意贬低别人,抬高自己,这等行止与道德之归、外之为文风马牛不相及,更不值得效法。

尺牍中的胸怀与情操

古人的尺牍是了解古代知识人的胸怀、性情、诉求的绝好材料，因为是亲戚、朋友、师生及熟人间一对一的交流，大多率性随意、兴会淋漓，内容涉及立志、处世、接物、交友、切磋学问、答疑论难，富含知识、情趣，可供深度阅读与欣赏。尺牍的人文价值早就受到人们的重视，明代便有专门的收集与刻印，近年各地陆续出版了好几种尺牍选集。虽然时过境迁，捧读古人写在遥远时空中的这些书信，仍时常引起我的共鸣，像是进入了古代高人磁力强大、感人至深的气场。

若从宽处讲，奏折是臣子们写给皇帝的信，也可以当尺牍来阅读。选择精一些，那么诸葛亮的《出师表》、李密呈送晋武帝的《陈情表》，将这类文情并茂的奏章视为尺牍，应该不会引起太多争议。"出师一表真名世，千载谁堪伯仲间"，其中"鞠躬尽瘁、死后而已"一句，世代传诵，表达了士大夫致君尧舜、建功立业的壮志豪情。而李密的《陈情表》，虽然出于策略，尽力突出一个"孝"字，但作者在文章中所描述的被地方官催逼、挤兑、进退失据的尴尬处境，也必为生活中那些磨难多多、备尝艰辛的文人引为同调。当然在大多数情况下，奏折往往被写成一篇瞻前顾后、四平八稳的官样文章，无法与只在师生、亲友、同行中传播、流露真实感情的书信相提并论。像司马迁《报任安书》、嵇康《与山巨源绝交书》、王安石《答司马谏议书》、袁宏道《与丘长孺书》、袁枚《答杨笠湖书》，这类书牍中的精品，或自叙怀抱或臧否人物、或议论时事，见解独到、立意高远，大有可观。

《司马迁报任安书》是一封非常有名的古人尺牍，洋洋洒洒，约有3000余字。司马迁在信中述说了自己含垢蒙羞、忍辱偷生，积数十年之功写成《史记》的艰难心路与生平抱负，感慨身世、满溢悲愤，读来让人唏嘘不已。作者还在信中表达了对立身、对生死等重大问题的态度。信里"泰山鸿毛之比"，阐述人生的追求、表达对生死的态度，充满哲理、发人深省。然而我对司马迁选择任安作为其直抒胸臆的受众一直深感困惑。任安因事获罪，此时陷于囹圄，行将就戮，司马迁对一个将死之人不予同情的表示，而汲汲于心意的表白，一心洗刷对方的误会，目的只是一个：不想让任安带着对自己的不良印象离世。这样爱惜名声，不亦过矣！洋洋数千言，不嫌词费？尽管文情并茂、事迹感人，考虑到上述因素，其价值也应打上几层折扣。

　　嵇康《与山巨源绝交书》，如果只是与曾经同在竹林中过从、徜徉的朋友断交，何须如此大费周章？我觉得作者就是想借机表达对政坛上翻云覆雨的司马昭集团的不满。因为不愿与当局合作，编造了"七不堪"、"二甚不可"的说辞，其作践官场人物的意思彰明较著，说是公然与整个官场作对、捋大将军的虎须也并不为过。书信在表达作者的政治态度时慷慨激昂，让人凛然而生正气。"轻汤武、薄周孔"，挑战整个官场的意识形态，质疑柄政者统治的合法性。这样充满火药味的尺牍倒像是一篇伸张正义的政治檄文，说是私信，那是误解。君子绝交不出恶声，嵇康再无知，也应知道公然与名教为敌可能的后果吧？"刚肠嫉恶，轻肆直言，遇事便发"，平时对自己的坏脾气虽然有所警惕，却终于没能学到阮籍的内敛，翻不起波澜不兴、无伤大雅的青白眼。也许起意写这封信的时候，他已经有了坦然担当的心理准备。在中国历史上因书信涉事获罪，嵇康不是第一人，也不是最后一人。

　　《绝交信》内涵很丰富，信里信外还有许多复杂的文化底蕴，读者予以留意一定会有更多的收获。譬如我注意到，在形容当时官场情

文章得失

状时嵇康的语气剑拔弩张、锋芒毕露,而当他回过头来描述山林隐逸之乐时,笔下又洋溢着浓浓的生活情趣,满纸尽是脉脉温情,什么"弋钓草野""游心于寂寞","浊酒一杯、弹琴一曲","逾思长林而志在丰草",世外的景物与生活竟是如此迷人,一旦身临,怎能不深陷其中、流连忘返?从写作学的角度看,嵇康真不愧为文章的大家,写同一封信,可以时而金刚怒目,时而妙趣横生,笔端变幻无穷,挥洒自如,让人眼花缭乱。众所周知,仕与隐不是一个轻松的话题,古往今来,多少文人士子为这两种不同的人生选择饱受煎熬。今人若要知道江湖与庙堂的壁垒,想知道古之隐者深藏于内心的委曲,此信应是不可或缺的参考材料。因为研究中国现当代文学思潮,读这封信时我还有别样的收获,感觉古人的胸怀真的比今人宽阔许多,很懂得政治与私交的分际,政治立场不同的人之间仍可有正常的人际交往。嵇康与山涛绝交,表面看来言辞激烈,其实这种决裂被当事人严格限制在政治层面,临终托孤,一番盘点,想到的还是这个为人厚道、私交甚笃的山巨源。王安石与苏轼的关系亦复如此。新旧党争,两人颇多龃龉,而谈诗论文却又能惺惺相惜,将政治芥蒂抛在了脑后。反观现代文学史上的不少名人,政见对立便形同水火,激烈的论战往往暗含了置对手于绝地的用意。两相对照,今古人物情志之高下,真不可以道里计。

王安石《答司马谏议书》写作背景复杂,知道个中情形才能懂得信里的妙处。王安石与司马光分属新旧两党,立场判然有别。但两人也有相似的地方,第一是清廉,深爱名节。虽然官做得都很大,却一直保持了清廉的本性;第二就是"拗",自以为是,认死理。现在一个要革新,一个要守成,政治上尖锐对立,谁也不能说服谁。谁也说不动谁,司马光却还是在王安石的耳畔唠叨个不停,反正不说白不说,说了也白说,白说也要说。而所说只是一理:新政多有不便,劝王氏改弦更张,复行祖宗成法。王安石执政在朝,公务繁剧,做起事来不分日夜，可司马光不时写信"强聒"不已，搞得王安石挺心烦，但还是耐下性子，修书作复。《答司马谏议书》不过三四百字，读者知道其中原委就会不觉其短，因为那一定是王安石深夜下朝牺牲了休息时间熬夜写成。信虽短，却将双方不同的政见作了清晰的梳理，对来信侵官、生事、征利、拒谏的指责作了义正词严的反驳。对王安石说来，语气已经做到了最大限度的委婉。两位杰出的古人，平时"议事每不合"，却又有"相好之日久"的私谊，政见不同尚能保持理性的往还，这是大人君子的风范，故当旧党卷土重来，司马光上台执政时，能够力排众议，制止对已故前任王安石的鞭尸恶行。

袁宏道是晚明性灵派的代表，性情中人。他在吴县令任上一头一尾给同道朋友写过两封很能彰显其胸襟、情趣的书信。第一封是他入职吴县时写给故乡诗友的报喜信，时间已经过去四百多年，我们似乎仍能从信中读到新县令脸上掩抑不住的笑痕："弟已令吴中矣。吴中得若令也，五湖有长，洞庭有君，酒有主人，茶有知己，生公说法石有长老。但恐五百里粮长，来唐突人耳。吏道缚人，未知向后景状如何，先此报知。"袁宏道于万历二十三年（1595 年）出任吴县县令，时年 27 岁，正可谓春风得意。虽然对"吏道缚人"还有一些思想准备，但年轻书生的意气显然盖过了困守衙斋被俗务缠身的应有预期。宦游吴县被他充分地理想化了，而理由其实也足够充分。锦绣吴中，外加一座诗化的古城——苏州，"人间天堂"、"鱼米之乡"并非浪得虚名。京杭大运河将吴县一分为二，西部是一片海拔不高的山地，拥着一泓号称三万八千顷的太湖。这一方土地是何等的丰腴，春华秋实，西山杨梅、东山枇杷、邓尉梅花、太湖的莼羹鲈鱼，早在魏晋时代就已名闻遐迩。运河以东，地势低平，大小湖泊星罗棋布，阳澄湖的螃蟹以及郭巷、车坊的莲藕、茭白，也都是让人垂涎的物产。美妙的风景必是诗文的福地，能不让这位才华横溢、性喜风雅的年轻县令欣喜若狂？如今写信人早已纵浪大化，但浸润在信纸上的那份欣悦，仍然让人深受感染。

另一封则是写给好友丘长孺尽言作吏"丑态"的抱怨信。袁宏道毕竟不是来江南观光的过客，只需于江湖上驾一叶小舟，纵情赏玩山水，放浪形骸，在花晨月夕里发一通美的浩叹。新县令一升堂，就有一大堆待批待判的公文放到了面前。做县官还要听讼，还要催收赋税、还要迎送上官，今日府台、明日制台，与那些存心刮地皮、俗不可耐的大吏周旋，不啻是对他狷介人格的一种折磨与摧残。一顶乌纱最后竟然成了套在袁宏道身上的沉重枷锁。给丘长孺写信正是为了发泄积压已久的一肚子牢骚："弟作令，备极丑态，不可名状。大约遇上官则奴，候过客则妓，治钱谷则仓老人，谕百姓则保山婆。一日之间，百暖百寒，乍阴乍阳，人间恶趣，令一身尝尽矣。"官做到了这个份上，对当事人来说，除了挂冠而去，还能有别的什么出路？

袁枚给杨笠湖的信最风趣，其中"敦伦"一词，鲁迅也曾拿来开玩笑。但风趣之外也清晰地昭示出写信人柔软身段中的阳刚之气。杨氏写信指责歇脚秦淮的袁枚伤风败俗，袁枚奋起反击，开篇即指"子之迂也"，表明了与这位虚伪的道学先生决不讲和的决绝心态。信中关于君子对"色"的态度最堪玩味。杨氏来信称：仆非不好色，特不好妓女之色耳。让袁枚一下抓住了狐狸尾巴，迅即追问："不好妓女之色，更好何人之色乎?"难道杨氏之好色，就是要勾引良家妇女？接下来，袁枚堂堂正正地回说："人心不同，各如其面，好色不必讳，不好色也不必讳。人品之高下，岂在好色与不好色哉!"并指出："情欲之感，圣人之宽"，"文王好色而孔子是之，卫灵公好色而孔子非之"。在袁枚看来，儒家的先祖似乎更懂得天理人情，而杨笠湖虽然满嘴仁义道德，其实不过是一个"闻香破戒、逢花必折"的无耻小人。读袁枚此信，文气酣畅、痛快淋漓，原来诗人虽属风流，也是一条敢作敢当的好汉。

除了行文深蕴人生经验、文化内涵，情感节操足可讽颂之外，不少尺牍的设辞、造句也称得上精妙绝伦,像"非淡泊无以明志,非宁静无以致远"(诸葛亮《诫子书》),何等的警策;"暮春三月,江南草长,杂花生树,群莺乱飞"(丘迟《与陈伯之书》),何等的曼妙;"功名富贵,早等之浮云;成败利钝,且听之天命。宁为文文山,不为许仲平"(张煌言《答赵廷臣》),何等的铿锵。在那些经过了岁月淘洗、留传至今的优秀尺牍中,真的是清词丽句,俯拾皆是。孔子说不学诗、无以言,尺牍如此精美,想想不读的后果会有多严重。

简单的人话——也说文风

延安整风，文风是三风之一，亦在整顿之列。整风的政治意涵史学界已经有充分的讨论，比较起来，从文章学的角度考察整顿文风的意义显然做得很不够。古人讲中国人做的所谓学问，大致包括义理、考据与辞章三大类，整顿文风，是解决辞章之学这一块的问题，其作用不可小觑。

中国文化博大精深，写文章这件事历来受到人们的重视，"五四"新文化运动推广白话，提倡语文结合的面向，就是属于辞章之学范围内的事。毛泽东是文章大家，早年在《湘江评论》发表《民众的大联合》一文，曾受到过"五四"新文化运动的领袖人物胡适的重视，大约除了提倡民众自决的见解获得自由主义者胡适的首肯外，文章的气势与风格极能体现新文化运动倡导白话文章取得的成绩，也获得了胡适的赞许。毛泽东一生酷爱写文章，留下许多脍炙人口的名篇，他的辞章之学有公论，整顿文风由他出面，确是当时延安文化界的不二人选。但文章既是学问便有相应的规矩和传承，文风的整顿也必不能毕其功于一役，这道理显而易见。整风运动距今已有七十余年，学术繁荣、写作队伍扩大，文坛格局已是今非昔比，但少数学人操弄文字的方式也不堪恭维，文章绕来绕去，晦涩难懂，往往不知所云。鲁迅、胡适等人的学术性文章大多晓畅明白，突显出白话文方便沟通的优越特性，两相对照感觉大异其趣。读者因此有理由向那些装腔作势、矫揉造作的文章家发出"请说人话"的呼吁，话听起来感觉有些刺耳,其实是很有道理的。

　　我曾在学术刊物担任十多年编辑,天天看稿,少不得要与这类学术文章打交道,吃足了苦头。但秉性谦和,觉得即使是批评也还是要与人为善,尽可能避免过于刺激的言辞,换一个温柔的说法或许更能敦促学术讨论中惯于故作艰深、说话说不明白的人士冷静下来,对自己过往的写作态度、行文风格进行必要的检讨,回归通达明快的正道。那么换一个什么说法呢？我想是不是可以要求学者用简单的人话来表述其研究成果,这样说也许更能为当事人所接受。因为与简单的人话相对的只是复杂的人话,而有了这样的区分,就可以把那些被人指责不说人话的人说的话纳入到人话的范围里来,解释说他们说的其实也是人话,不过是复杂的人话,阳春白雪,曲高和寡,别人听不大懂罢了。

　　但这样说,并不能理解为替人开脱,说复杂的人话,存心不让人听懂、看懂,不也违背了学术研究为人释疑解惑的初衷？学术研究属于探索性的思维,活动于人类未知的领域,比别人先行了一步,然后回过头来向大家报告心得,与人分享探索的收获。这就更要求把话说得清清楚楚,有一分证据说一分话。但是我们看到不少用复杂人话报告学术成果的文章,要么用很大篇幅搬弄外国人彼时彼地的言说,抬着这些国际名人的名号吓唬不知底里的国人,要么为了显示论文含着高深的学理,与人玩起了文字游戏,让人坠入云里雾里,读者跟着作者绕来绕去,最后仍然是不知所云。既然费了好大的心力读了学术文章照样不明不白,人们为何要去拜读此类让人头痛的文字,徒添新的烦恼？

　　人与人用语言交流,表达方式各人可以不同,但只要是交流,就要说人话,表达清楚,又不拖泥带水,让人容易听懂、看懂的便是简单的人话；复杂的人话,因为复杂,懂的人少,交流必会受到限制。从实现交流的目的看,说复杂人话的人,要么是觉得奇货可居,不愿将研究心得与人分享,存心不想让人看懂、听懂,如果真是这样,何必多此一举、写那些叫人看不明白的学术论文;要么就是心虚,自己没有把问题搞清楚,因为职业的需要(譬如评职称、完成工作量、维持出镜率),必得要写文章,缘于无可告白,只好故弄玄虚,玩文字游戏,设下文字迷障,绕来绕去,意思仿佛是我不明白、你也休想弄明白。

"五四"新文化运动兴起的时候,旧式文人坚持写文言的文章,说是雅驯,自鸣得意,但语文脱节,存在理解的障碍是不言自明的,而他们又十分陶醉于孤芳自赏的欣悦,并不在意人们理解与否,失了说话意在交流的本旨;"五四"新人提倡白话,主张语文结合,我手写我口,理直气壮。那时白话与文言有过一番激烈的较量,最后还是语言交流理解的要求占了上风,白话流行,文言越来越成为少数人把玩的古董。而新派文人也很争气,朱自清、俞平伯、丰子恺用白话写出了让人读得有滋有味的美文;鲁迅、胡适、闻一多等人则用白话写出了通俗易懂、深入浅出的论说文。像"我们似乎为奖励人性中的矛盾,以保证生活的丰富,几千年来一直让儒道两派思想维持着均势,于是读书人便永远在一种心灵的僵局中折磨自己,巢、由与伊、皋,江湖与魏阙,永远矛盾着,冲突着,于是生活便永远不谐调,而文艺也便永远不缺少题材。"学术论文被写成了美文,闻一多《唐诗杂论》中这类晓畅凝练、充满思辨色彩的文句,今天读来,仍让人感觉到汉语言文字的张力和内涵的美。反过来看,写白话文,佶屈聱牙,不让人看懂,这不是重又回到孤芳自赏、文章与交流脱节的老路上去了吗?

冗长拖沓也是学术文章的一大通病。情动于中形于言,写文章是有感而发,将所思所想表达清楚便实现了言说的目的。一句可以说尽的话,非要写到二句三句才肯罢手,像是有心考验读者的耐心,阅读出于兴趣,存心与人为难,难道不怕读者弃之如敝屣、甩袖而去?古人惜墨如金,欧阳修"逸马杀犬于道"叙事简洁精准,常为人津津乐道;归有光的《寒花葬志》《女二二圹志》都极精短,虽是短文却能毫无愧色地与大部头著作并肩，一道接受人们的敬意。现代白话文写作同样有文字简约的要求。鲁迅是现代白话文章的大家，写文章"力避行文的唠叨，只要觉得够将意思传给别人了，就宁可什么陪衬拖带也没有……"看来他也是词林中的"极简主义者"。大师们收放自如，同样五千来个常用的汉字，在他们的手下就像是精心编排过的琴键，随便抚弄，便是一首动听的乐曲，让人好生羡慕。

  我觉得现在那些坚持用复杂人话写学术文章的人，并不缺少究天人之际、成一家之言的企求，平心而论，文章写出来谁不想满城争说，最好是洛阳纸贵。只是因为世风变化太大，人人都要在学术领域内找寻立足之地，跑马圈地、争夺话语霸权的情形也屡见不鲜。于是问题没有想明白，只好用复杂的人话包裹浅薄的思想在学界周旋、厮混。但这样的东西糊弄人一时可以，时间一长，浅薄的马脚总会暴露在世人面前。写到这里我很自然地想到当年提倡白话的胡适，他说的那些大白话，其中不少含着深刻的道理，他坚信白话（实际就是我这里说的简单的人话）可以表述精深的思想，他虽然有留洋的经历，但并没有挟洋自重，做的是中国式的学问，说的是中国话，他强调怎么想就怎么说，有一分证据说一分话。拿他的《红楼梦研究》来说吧，讲道理、摆证据，说话平易，句句落于实处，全无半点八股的腔调，极能深入人心。我想，老老实实、脚踏实地，这些仍然是今日学人应当坚守的原则。

学术之私与学术兼容

近读苏轼《上曾丞相书》，颇多启发。苏轼说："轼不佞，自为学至今，十有五年。以为凡学之难者，难于无私。无私之难者，难于通万物之理。故不通乎万物之理，虽欲无私，不可得也。己好则好之，己恶则恶之，以是自信则惑也……"

苏轼所说的学，可以理解为学问、学术。学术精微，本质在于求知，学问、学术之难为什么难于无私？不是说学术是天下公器吗？在真理面前应当人人平等，学术的有私，该作何理解？将真理据为己有，抑或垄断学术研究，建构属于自己的话语霸权？我认为只有联系思想史、学术史的实际才能洞知其中的奥秘。

20世纪中叶国内曾发生过许多学术争论，最后大多采用非思维超思维的强制来维护某种话语霸权，"己好则好之，己恶则恶之"。可见学术虽为公器，也需要社会的各个方面予以有力地维护。"文革"后复出的周扬曾真诚地告诫人们："百家争鸣，百花齐放，其主要精神就是提倡自由地、平等地、同志式地讨论。可以批评，也可以反批评，凭讲理，不凭权势……"新中国成立后十七年，思想文化界运动不断，周扬深陷其中，整人的事大多与他有关，十年反思，至此终于彻悟。

苏轼所说的学术无私当然包括不以学术干人、不谋求学术之外好处的意思，即梁启超《清代学术概论》中所说的"为学问而学问，断不以学问供学问以外之手段"。如果治学而别有所图，那么，其于学术必会有所顾忌,慑于"圣人"之说、权贵之说而惮于表明自己的立场,担心"不悦于世"而不敢有自己的言说。等而下之,投机钻营、党同伐异、雷同抄袭,一深究,无非是评职称、完成工作量、保持出镜率,概言之,均有学术之外的私心。

苏轼认为真正做到学术无私,除了要排除人为的非学术的外力干预外,关键要通晓万物之理,我理解通万物之理不是说只有成为无所不知的全能型学者才会有学术无私的品格,"观万物之变"而"尽自然之理",是指承认学术研究有自身的规律,尊重规律、循正道而直行。学术所求之理,融贯于天地造化,非力强而致,需多方求索乃能有所把握与认识,显然,这是一个需要集中多数人的智慧、甚至几代人的努力才能有所创获的事业。因此,允许争论,容纳不同意见,通过论辩、比较,集思广益,推进认识,对于学术研究来说便有特别重要的意义。

由此可见,学术无私的一个关键就是要有兼容的精神,"公器"不能为私家所把持。兼容需要气度,逆耳之声对浅薄的自尊无疑是一种极大的冒犯。约翰·密尔认为,在学术研究领域,切忌使用"多数的暴力"。密尔把问题推向了极端,他认为,集体对个人的压制与个人对大众的压制同样是有害的,都是不正当的。就是说,即使是少数人的意见,也应当允许它合理地存在。真理性认识只有通过反复的论辩才能彰显它的合理性,才能为人们所认识与接受。在现代民主制度下,允许人说话似乎较能做到,但要平心静气地倾听刺耳的不同意见则有较大的难度。对于那些掌握了话语霸权的学术权威,倘若别有心术,那么这些针对他们已有论述的不同意见便不是简单的不恭,而是一种直接的挑战了。19世纪下半期,恩格斯已是欧洲著名的思想家,但面对异议人士,他从不以势压人,并反对在思想文化领域内动用非思维超思维的强制。在与柏林大学讲师杜林的论辩中,恩格斯着力将对杜林荒谬言论的批判转化为他和马克思思想的全面阐述，消极的批判转化为以正面说理为主的积极批判。恩格斯《反杜林论》发表后，柏林大学解除了杜林在学校内的教职，恩格斯听闻之后十分不满，认为不应以行政资源干预学术界的自由论辩。恩格斯在学术争论中表现出的宽阔气度，值得敬重。其实，中国学术史上一些通达的前辈也一样具有听取不同意见的宽阔胸襟。叶燮写作《原诗》，慨然以扫荡明清诗坛的复古思潮自任，成书之后，日夕摩挲诵读，自珍自爱。而同乡学人汪琬对他的观点却往往不予认同，"往复论难"，常常让叶燮下不了台。但论敌病殁，叶燮伤心落泪，说："吾失一诤友矣。今谁复弹吾文者？"顺手将昔日与汪琬论辩的文章书信尽皆焚毁。一把火昭示了这位先贤的不俗人格。"能识同体之善而失异量之美"（刘劭语），"誉乎己，则以为喜，毁乎己，则以为怒"（方苞语），这些都是人最容易有的局限，叶燮这位古代的智者超越局限，为后人树立了榜样。

缺乏兼容的气度，也必丧失反思的勇气。而缺少反思意识、思想凝固，学术也便失去了发展的动力。常识告诉我们：不要幻想有人能够独立统一不同的知识部门，像恩格斯批评的杜林那样，企图构建一个庞大到无所不包的知识体系。在学科细分的背景下，产生苏格拉底那样的百科全书式的圣哲的时代一去不复返了。恩格斯说："至于说到每一个人的思维所达到的认识的至上意义，那末我们大家都知道，它是根本谈不上的，而且根据到目前为止的一切经验看来，这些认识所包含的需要改善的因素，无例外地总是要比不需要改善的或正确的因素多得多。"探索真理、推进认识，需要宽广的胸怀与视野、需要一代代人的共同努力，唯我独尊、排斥异己，全然无益于学术的发展。

会飞的声音

假如听觉正常,我们每天都能听到各种各样的声音,有的美妙动听,有的令人生厌。清人汪价说他喜泉声,喜小儿朗诵书声,喜夜半舟人欸乃声,恶群鸦声,恶驺人喝道声,恶贾客筹算声,恶妇人骂声,恶男子咿嘎声,恶盲妇弹词声,恶刮锅底声(《声色移人说》)。汪价不愧为有心人,从各种习闻常见的声音里品出了人生的百味,并明白表达了他的好恶。然而对于大多数人来说,真是应了熟视无睹这句成语,尽管日日发声、日日闻声,除了少数智者,愿意花点时间想一想发声的机理、声音传播的方式和文化内涵的人真的是屈指可数。

声音很神秘也很奇妙。孔子是古代的智者,其感觉确实比寻常人高出一筹,在品味声音方面特别专业。老先生在齐闻《韶》,竟被尽善尽美的声音刺激了味蕾,三月不知肉味。肉在远古是稀罕物,孔子封圣是后来的事,他活着时只是一介平民,生活窘迫,有时还得忍饥挨饿,闻《韶》后三月不知肉味,可见人世中有味道极佳的声音,精神胜过物质,能够让人产生巨大的快感。诚然从文化层面认真研究声音的人不多,但像汪价那样被声音触动,并因此关心声音的人也还是有。古籍《礼记》关于声音的探讨就很专业、很深入,内容也极为丰富。其中包括声音与心态联系的思辨,声音与人伦情感关系的考察,声音表征社会治乱功能的论述,它们被后来研究社会、政治、历史、文学与美学的学者反复征引,在思想文化界产生了重要的影响。古人中状写声音最细致、最传神的当然应属欧阳修,欧阳修夜闻秋声,凝神谛听,感觉那声音"初淅沥以萧飒,忽奔腾而砰湃,如波涛夜惊,风雨骤至。其触于物也,鏦鏦铮铮,金铁皆鸣;又如赴敌之兵,衔枚疾走,不闻号令,但闻人马之行声。"斗室外的秋声来无影、去无踪,在旷野间驰骋奔突,深深地撼动了这位秉烛夜读的古人的魂魄。欧阳修在中世纪一个深秋的夜晚中对秋声的那一番夸张的形容,给后来读过《秋声赋》的人留下了如临其境、如闻其声的深刻印象。我从事的专业不是研究声音,不大可能贡献含着学理的新见,只是因为一段时间来听青歌赛、听少京赛,感觉从青少年表演者喉咙里发出的声音恍如天籁,不只会飞而且具有很强的穿透力、直击心扉,愈想愈觉得神奇,愈想愈肯定声音能飞,很想把自己的一点心得报告出来,与平时对此有所留意的朋友进行有益的交流。

"余音绕梁,三月不绝",古人早就知道声音会飞,不绝如缕、久久不能散去。人头上有一片广袤的蓝天,浩浩渺渺,天长日久,就有了想飞的念头,想飞飞不起来,心生沮丧,就只好借助想象,让自己在梦幻的情景中飞起来。梁山伯祝英台无法在尘世结缘,化蝶后做伴而飞、相亲相近;孙悟空在海上仙山得高人指点,学得了升举的本事,一翻跟斗,腾身直上青云,一去便是十万八千里,很令人神往。但传说中的这些飞,无人亲见,仅是耳闻,难以当真。只有声音的飞才是真实和可以验证的事实。"万壑有声含晚岚,数峰无语立斜阳",声音融入夕照,在广袤的山谷中回荡、翻飞,意境壮美、很令人神往。在李白《春夜洛城闻笛》中,春风伴送声音高飞,感觉特别神奇:"谁家玉笛暗飞声,散入春风满洛城。此夜笛中闻《折柳》,何人不起故园情!"美妙的声音随风起舞,又渐渐飘散开去,弥漫于一座春意氤氲中的古城,并因此引起了游子的乡思,伴着声音,轻轻飏飏,飞越重重关山,去探望魂牵梦萦的那一方热土。"居高声自远,非自藉秋风",声音飘飞的情景李白在洛阳城中见过,在武昌城又亲历了一次:"黄鹤楼中吹玉笛,江城五月落梅花。"悠扬的笛声自高楼飞洒、盘旋,相信在这座昂扬着春意的都市,定会引来众多知音热烈的共鸣!常建《破山寺后禅院》,万籁俱寂、梵音四起,群山响应,那意境怎能不让人油然而生出世之想?

  声音可以飞,而且能飞得很远。陕西北部,人称黄土高原,土地被流水切割成一块一块的,当地人叫作塬,其实就是一个个山头,山头与山头相望,真要拉上手,先要下山、然后上山,得走半天一天。环境使然,秦人都有一副很好的嗓子,一吼,声音飞过了山谷,就与山头那边的人联系上了;如果是青年男女,一来二去对上了眼,想要表达感情,吼着不雅,就唱,秦腔激越高亢,充满了急切之情,这样的声音能飞得更远,满足了表达的需求与沟通的需求。又因为当事人只能远观、急切间难以亲近,心宇间充满了凄怆,秦腔听起来就多了几分悲凉,最能触动人的心弦。十多年前我曾在马德里一个露天公园欣赏过一场西班牙歌舞,也曾有听后不快、久久不能释怀的感觉。西班牙民族多灾多难,巴斯克分离主义分子到处生事,今天引爆一个炸弹、明天制造一起恐怖事件,西班牙人的歌声里因此含着悲愤、含着痛楚,在黑漆漆的夜晚里让这样的声音敲击你的心扉,真有一种百感交集、凛然一振的感觉。毛泽东的《忆秦娥》:"西风烈,长空雁叫霜晨月。霜晨月,马蹄声碎,喇叭声咽。"万籁有声,是一种多声部立体的奏鸣,音色极为悲壮,催人奋进,雄壮是它的基调,一路伴送红军战士跋山涉水、攻坚克难,完成了万里长征这一历史壮举。

  声音会飞,好的声音、美的声音可以移置,植入聆听者的心底。我常常为此感到困惑,声音表意不及言语,为何有那么强的沟通交流效能,足以让人心领神会?伯牙用琴声向他最忠实的听众钟子期倾诉,闻弦歌而知雅意,那声音被人称作高山流水,像一道汩汩的清流流进人的心田,诉说着、叩问着,两个德行高洁的朋友通过声音的传递心心相通、惺惺相惜。人死琴毁,世人由此懂得了"知音"的分量与价值。据说魏晋间的嵇康善操,自创了一首名叫"广陵散"的琴曲,时常弹奏,钟爱万分,琴声忽而急促高亢、忽而落寞悲凉,如泣如诉,听者无不动容。后来嵇康因为得罪了主政的大将军司马昭,被判杀头,临刑抚琴,感叹死不足惜,只是当时未曾将琴曲传授给一位同样喜爱它的袁姓朋友,美妙的乐音遂成绝响。刀起头落,名士的幽魂与那悠扬的琴声相伴相随,飞升而去……

　　声音可以复制,因此能够穿越,形成超越世代的共鸣。生离死别,人世通情,肖邦与乔治桑令人称羡的情缘终于熬不过岁月的淘洗。《离别曲》像是不幸的预言,那透着伤感与绝望的旋律,让那些与肖邦有着同样遭际的落魄者感叹身世、黯然神伤。柴可夫斯基用《悲怆交响曲》来表达他对悄然离去的伯爵夫人的感恩与眷念,这是从一颗伤痕累累的心灵流出的声音。也许,只有音乐这种充满情感的声音才能表达好人在这一复杂霎间的内心律动,梅克夫人因此选择了沉默。

　　声音虽然无影无踪、难以琢磨,但声音倘若优美抑或意蕴深刻、正气凛然,就能够传之久远,在历史的长河中不断出现它的回声。杜甫壮年时在成都羁留,其诗艺颇受时人的推重,达官贵人们为了装点门面,常有邀宴,一批身怀绝技的艺人被招来弹奏、演唱助兴,竹肉相发,给杜甫留下了深刻的印象。晚年诗圣漂泊江湖,遇到成都旧人,犹能记起十几年前听过的演唱:"锦城丝管日纷纷,半入江天半入云。此曲只应天上有,人间能得几回闻?"美妙的乐音超越了时空的限制,物是人非,让衰年杜甫百感交集。音乐是声音,言语也是声音,"各国变法,无不从流血而成,今中国未闻有因变法而流血者,此国之所以不昌。有之,请自嗣同始!"虽然生不同时,处境迥异,但那是空谷足音,世代传诵,千年不绝。《义勇军进行曲》《大刀进行曲》完全可以看作是它的和声,是表征一个民族觉醒的声音。聆听这样铿锵有力的发声,能不让后来者为之振奋,激发出浓浓的报国之志与极想有为的浩然正气!

人过留名,雁过留声,谁不想在自己曾经生活过的人世留下一段好听的声音?

文章得失

诗词中色彩的艺术

都说诗是无形的画，诗画同源，诗画一体。前人评杜诗，称其"以画法为诗法"；苏轼钦佩王维的诗、画艺术，赞扬摩诘"诗中有画，画中有诗"。可见对诗画间你中有我、我中有你的关系，大家有较多的共识。从创作实际看，景物的描写确是诗作的重要构成，白云回望合，青霭入看无；知否，知否，应是绿肥红瘦，均因文句中的景物有精妙的着色、诗景如画而备受后人的好评。既然诗画同源，诗境也必与画境相同，会有色彩的构思、色彩的布局和色彩的呈现。作为一种艺术手法，诗人们师法造化，竞相在景物设色上用力，殚精竭虑，努力提升、强化诗歌的视觉效果。历数前人的创作实绩，不乏精心调动各种色彩来装饰审美空间的大师，在他们的作品中，意象生动鲜明、色彩斑斓、变幻无穷、美轮美奂，在诗境设色这个独特的艺术领域里展现了不俗的才情。

每次提及诗中的颜色，我首先想到的是论知名度够不上一流的北宋诗人潘阆和他的一首小诗《九华山》，诗人着色的技巧给我留下深刻的印象。《九华山》只有四句："欲齐华岳犹多六，将并巫山又欠三。最是雨后江上望，白云堆里泼浓蓝。"其中"欲齐"、"将并"两句纯是叙述，意思平平，且有以文字为诗之嫌，没啥可观，但"最是雨后江上望，白云堆里泼浓蓝"意境一转，特别体现了诗人在色彩运用上的巧思，大有可观。白与蓝都属于冷色调，白是本色，基本色，十分纯粹；深蓝也是一种具有较强视觉冲击力的色彩，两种颜色融于一体，对比鲜明,一个"泼"字,不仅突出了不同颜色瞬间化合、形成巨大裂变后对人的视觉构成的刺激,也使静态的颜色有了变幻无穷的动感,提升了读者对色彩的审美关注。近人金性尧编《宋诗三百首》,我猜想肯定也受到此诗色彩的魅惑,认定它能代表宋代诗人在色彩铺陈方面的巧思,毫不犹豫、或许应该说经过慎重思考,断然地将这首初看分量颇轻的小诗收入他的这部数目只有区区三百的宋诗选集。

　　自然景色的动态描述基于诗人对外部景物极细微的观察,诗人在这方面的表现堪称精妙。像杨巨源的"绿柳才黄半未匀"和韩愈的"草色遥看近却无",每每让人拍案叫绝,因为它们是诗人精细观察的成果。在由冬入春这一重要的季节转换期中,自然界色彩的渐变,每每为人忽略,而诗人却有敏感的禀赋:星星点点的草色,抵近了,难以发现,而它们展露的是正在萌动、即将勃发的春意;小心后退,视野里便有了一片令人心醉的绿茵。上面提到的李清照的"知否,知否,应是绿肥红瘦",既反映了女性诗人对于捕捉自然界的色彩变化有极为细腻的感觉,也因融入了时光易逝、青春不再的感叹而让人深受触动。

　　毛泽东是政治家,又是一位杰出的浪漫派诗人,偶一行吟,多为绝唱。他在诗词创作中所表现出来的才情与气度,一直受到诗界同行的肯定。论起诗中设色的本事,毛泽东也是一位匠心独运的大家。"赤橙黄绿青蓝紫,谁持彩练当空舞",诗人挥洒巨笔、大胆调度,一次就将七种颜色全部聚齐,其气吞八荒的浪漫情怀可见一斑。《采桑子·重阳》中"战地黄花分外香"一句,在我看来确是神来之笔。本来是经历了一次血腥厮杀的战场,战后巡视,统帅换位为诗人,胜利的喜悦极大地影响了诗人视域的主观取舍,隐去了血污的尸体、遗弃的枪支,唯有霜天万里、野芳摇曳,这一幕深深打动了秋风里伫立凝望的诗人。词中的遍地黄花还曲折地表达了对牺牲战友的凭吊。一句七字,体味之后,感觉有无穷的寓意。

在自然颜色中，红色最鲜艳，浓墨重彩，如火一般热烈，构成强烈的视觉刺激。以我的观察，只有在诗人情绪极度亢奋的时候，才会有足够的勇气唤来这种烈性而不易驾驭的颜色。白居易的"日出江花红胜火，春来江水绿如蓝"，杜牧的"停车坐爱枫林晚，霜叶红于二月花"，所以千古流传，多半是因为读者真切地感受到了诗里惹火的色泽、跃跃欲试的情绪，为此深受感染、兴奋不已。值得一提的是，小小一首《望江南》，红、绿、蓝三种色调一次呈现，而且选择的全都是特别醒目、特别富有冲击力的颜色。"日出江花红胜火，春来江水绿如蓝"，景物近于白描，读者品味不到诗里有多少闲情逸致，倒像是情绪激动的作者在巨大的画幅上率性地泼墨，漫吟此词，无法拒绝诗景中色彩的魅惑，从而引发与作者趋同的诉求——能不忆江南，对一方神奇山水充满了向往。作为设色的大师，生性豪放、偏于激情的毛泽东，年轻时就喜好用红色来装点呈现于诗词中的景物，"独立寒秋，湘江北去，橘子洲头，看万山红遍，层林尽染"。极目远眺，景物的收纳与设色显示出非凡的气魄。不过要论毛泽东在诗词作品中对色彩的调度，最让当事人得意、也为后来者称道的大约莫过于"苍山如海，残阳如血"一句。大气磅礴、气象恢宏，其意境真的十分壮美。落日熔金、暮云合璧，滴血的残阳竟将深蓝的天幕濡染成一片绚丽的殷红！诗人当然明白，前头还有蜂拥而至的强敌、更为凶险的鏖战和吉凶未卜的长途，但面对这血色的黄昏和夕阳下一列列峥嵘突兀的群山，自然雄奇，胸宇间陡增了无限的勇气与信心：即使是雄关漫道，战云密布，也只作闲庭信步。韩愈的《晚春》与《早春》相对，也是设色艺术中的佳品："草木知春不久归，百般红紫斗芳菲。杨花榆荚无才思，惟解漫天作雪飞。"诗人赋予草木感性的生命，善妒能争，各各施展出自身拥有的诸般本事，充满了浪漫气息。晚春里这道色彩的盛宴，是自然界对人类最丰厚的馈赠。闭目冥想，觉得与我记忆中的江南晚春确有高度的重合。

论设色,山水诗人徜徉林泉,终年与风月为伴,观者有心,是当之无愧的高手。身居江湖,远离俗务,餐风饮露,弋钓山泽,游心寂寞,平静的心态中少有让其萦怀的波澜,诗人为意境设色时也往往选择了平淡,这样的审美取向自然与浪漫派钟情浓烈大异其趣。"白云回望合,青霭入看无"、"绿树村边合,青山郭外斜",色调既淡且冷,意兴聊赖、哀乐无痕,读者几乎捉摸不到诗人心绪最细微的律动。但平淡中含着隽永,也一样让人有许多回味。欣赏诗境中的色彩艺术,千万不要忽略了这一派的贡献。

　　宋诗的评论有许多不同的声音,批评的,说它以文字为诗、以议论为诗、以学问为诗,成就远逊于唐诗;肯定的,说宋诗自有其面目,唐诗不能专美于前。像"棠梨叶落胭脂色,荞麦花开白雪香"、"残雪压枝犹有桔,冻雷惊笋欲抽芽。夜梦啼雁生乡思,病入新年感物华"和"梨花院落溶溶月,柳絮池塘淡淡风。几日寂寥伤酒后,一番风雨禁烟中"都是我平素喜欢玩味的佳句。论设色,宋代诗人确也多有独特的创获,像"接天莲叶无穷碧,映日荷花别样红",景色如此热闹,不去西湖,别处哪能见到?杨万里对荷花这番激情的描述,也让我对周敦颐的《爱莲说》产生了疑问,不是说荷花孤傲吗?然而在杨诗中,它又是那样的热烈、随和和亲民。"问渠哪得清如许,为有源头活水来";"向来枉费推移力,此日中流自在行",理学家的诗写得有点乏味,但论设色,"等闲识得东风面,万紫千红总是春"也堪称极度的繁盛。容我直言,宋代诗人苏舜卿虽然被指在宋初诗坛有一席之地,读其诗集,可供吟诵的其实并不多。不过"笠泽鲈肥人脍玉,洞庭柑熟客分金"、"绿杨白鹭俱自得,近水远山皆有情"这两联诗,状写吴中风物,却深得我心,这也是多年作客他乡的我梦里常有的颜色。鲈鱼纯白、柑橘金黄,一闭眼,满目都是家乡的丰饶、自然的厚赐,苏诗激起了我对美食、对乡情的眷念。我想,苏舜卿之"暴得虚名",也许正得益于他诗集中有关吴中景物的精细描摹。罢官确属不幸,却在诗歌创作上有了别样的回报。

　　现在回过头来说前面提到的杜甫。讲到他的诗景设色，我很自然地想到《春夜喜雨》中结尾四句："野径云俱黑，江船火独明。晓看红湿处，花重锦官城。"黑与明的对比，是一道抓人的光影；"红湿"更显匠心，写出了受朝晖濡染、经雨的枝叶水光里折射初日的独特情景，这色彩斑驳陆离，让人不胜留恋。"鱼龙寂寞秋江冷，故国平居有所思。"有家难回、报国无门是杜甫《秋兴》的基调，诗人情绪激愤，《秋兴》也平添了撄人心脾的绝色："玉露凋伤枫树林，巫山巫峡气萧森。江间波涛兼天涌，塞上风云接地阴。丛菊两开他日泪，孤舟一系故园心。寒衣处处催刀尺，白帝城高急暮砧。"玉露凋伤的枫树皴红了整个画卷，江流、峡谷、连绵的群山在浓烈的底色中逐一铺展；相信被黄花催下的泪水里一定会有家乡的风景，秋色宜人、欲归不能，"感时花溅泪，恨别鸟惊心"，诗情里含着暮年杜甫无穷的悲凉。七律一首，以画法为诗法的大师只是略试身手，便给人留下了深刻的印象。

逾矩读诗

老来读诗，不欲拾人牙慧，逾矩之后往往有新的领悟，反复况味、率意畅想，仿佛进入了陌生的天地。事后感觉尽管怪诞，却并不介意与人同乐，即使引来轻薄的嗤笑，相信也应是读者基于学理、认真思考后的发声。

李白的长江

"但是诗人多薄命，就中沦落不过君"，在我看来，白居易李白墓前祭悼的文句，必不能为一生拒绝悲戚的墓中人所接受，李白的心是和壮阔、通达的大江相连的。

李白与长江的关系非常亲密。他学成出川、浪迹天涯，走的就是长江这条水路。买舟东下，顺风顺水，江上清风、峡中天籁，给他留下了深刻的印象，遂有"早发白帝彩云间，千里江陵一日还。两岸猿声啼不住，轻舟已过万重山"的水上放歌。那声音千百年来一直在峡中萦回，后人一入三峡，耳畔就会响起诗人的吟唱，几百里长峡仿佛随处都能见到诗人当日以酒酹江的身影。

出川后生活并不顺心，长江便成了一种重要的精神寄托，江水入梦，诗意来袭，不经意间就是一首脍炙人口的短章："峨眉山月半轮秋，影入平羌江水流。夜发清溪向三峡，思君不见下渝州。"不过峡中水流湍急非风平浪静的越中剡溪可比，要学王子猷及门而返，就不是一件轻易的事了。

李白在长江中游逗留最久,那里简直可称培养他卓越诗思的福地,一首首流传千古的名诗都在这里向着长江倾泻,看:"故人西辞黄鹤楼,烟花三月下扬州。孤帆远影碧空尽,惟见长江天际流。"送别好友,长江教他豪迈、不发悲声。"天门中断楚江开,碧水东流至此回。两岸青山相对出,孤帆一片日边来。"意境寥廓,堪与前诗比肩,一样能彰显诗人非同寻常的胸怀。"一为迁客去长沙,西望长安不见家。黄鹤楼上吹玉笛,江城五月落梅花。""五月梅花",一语双关,奇思妙想、令人称绝。"划却君山好,平铺江水流。巴陵无限酒,醉杀洞庭秋。"放逐归来,壮心未已,铲平君山,为的仍然是一展平生抱负!壮哉李白!烈士暮年,诗里依然是当年"仰天大笑出门去,我辈岂是蓬蒿人"的激昂与慷慨。

如果说长江中游是诗人诗情泛滥过的地方的话,那么一到下游,诗人的诗艺更有新的升华,一首《凤凰台歌》,扫尽黄鹤楼与别人PK诗歌艺术难以获胜的憋屈,李白的长江诗也因此到达了千古独步的境界。"凤凰台上凤凰游,凤去台空江自流。"诗人感怀的是一个民族多难的历史、还是自身迭经坎坷的遭际?参不透也不要紧,千万别在此诗首联做过多的停留,快快去追赶诗人当时激越狂放的诗思,"吴宫花草埋幽径,晋代衣冠成古丘。三山半落青天外,一水中分白鹭洲",接下来那诗真是一气呵成,与诗人另一首长江诗一样的汪洋恣肆,那真是"登高壮观天地间,大江茫茫去不还"。

《曲江》中的杜甫

稍加留意,发现国内文化界品评杜甫诗时有明显的阶段性特点,强调阶级压迫、阶级斗争的时候,人们关注他的"三吏"、"三别";改革开放了,审美因素获得重视,"咏怀古迹"和"秋兴"被认为最能体现杜诗的艺术水平。而对杜甫诗坛地位的评价,除郭沫若在"文革"

中为了迎合江青,写《李白与杜甫》,抑杜扬李、别出心裁之外,大多愿意把杜甫的诗艺往高处说,且愈说愈神,而杜甫本人也渐次被推高成一位位卑未敢忘忧国、一心兼济天下的千古完人。这样的评价与我们自己的阅读经验有很大的差距。近年品味唐诗,杜诗也是我阅读视野中的常客,感觉杜甫内心世界复杂、丰富,虽然生活困顿,但性格活泼、情趣多多,与学界的上述描述很不一样。

《乾元中寓居同谷县作歌七首》,用戏谑的口气调侃自己,十分可爱,诗人给我的印象是一个穷困潦倒、仍不失幽默的智者。读《曲江》,用列宁评托尔斯泰的话说,"麻烦就更大了",差不多完全推翻了学者们多年来认真为他塑造的形象。

《曲江》由两首七律组成,第一首"细推物理须行乐,何用浮名绊此身",与那些刻意将杜甫装扮成圣人的朋友真的开了个大大的玩笑。任你加冠"爱国主义"的帽子,诗人自己未肯伸头承接,不想让虚名拘囿,耳畔则时常有及时行乐的提醒。"莫厌伤多酒入唇",看他将一杯杯老酒灌入愁肠、一副陶然的样子,明明已经把这一套人生哲学付诸实行。既然诗人并不喜爱浮名,后人为何要将浮名生生地套在他的头上?

如果说"莫厌伤多酒入唇"还可以解释为志不得酬的无奈的话,那么"朝回日日典春衣,每日江头尽醉归",面对画面上出现的这位步履踉跄、喝得有点酩酊的老人,粉饰派又该作何交代?"酒债寻常行处有,人生七十古来稀",简直有点颓废的意思了。这倒让我想起了杜甫的朋友李白诗中"人生得意须尽欢,莫使金樽空对月","古来圣贤皆寂寞,惟有饮者留其名"的句子。由此推断,诗与酒应是李白与杜甫当初定交的媒介,同游齐鲁时,"秋来相顾尚飘蓬,未就丹砂愧葛洪。痛饮狂歌空度日,飞扬跋扈为谁雄。"酒逢知己,举杯而歌,酒使两位经历与性格颇多不同的诗人的情谊更加浓洌。"传语风光共流转,暂时相赏莫相违",诗人醉眼蒙胧,沉迷于此、深陷于此。手执一壶,杜甫才会为"老妻画纸作棋局,稚子敲针做钓钩"的情景所陶醉。

我想,杜甫就是杜甫,生活在非常独特环境里的一位古人,他与他的时代、他坎坷的处境联系在一起,任何脱离这一实际的解释都不免留下难以掩饰的破绽。

韦应物的诗

我很小的时候就从母亲那里知道了韦应物。母亲以刺绣维持家人的生计,文化程度不高,但平日里偶尔也会脱口背两首唐诗,其中就有韦应物的《滁州西涧》:"独怜幽草涧边生,上有黄鹂深树鸣。春潮带雨晚来急,野渡无人舟自横。"虽然少不更事,但四句全都写景,像是活活地把你推入了一幅意境空廓、容人遐想、十分优美的风景画,眼前景物栩栩如生,尽管年幼,懵懵懂懂,却也不能不略有动心。

成年后喜欢唐诗,但涉猎面窄,欣赏的无非是王孟、大小李杜,虽然也曾读过韦应物的《寄全椒山中道士》和《寄李儋元锡》,被"落叶满空山,何处寻行迹"及"世事茫茫难自料,春愁黯黯独成眠"中空灵的景色和落寞的情怀所吸引,却一直未能进一步发展与韦的感情。后来给学生讲现当代文学思潮,说到瞿秋白对左翼文艺运动的贡献,末了也会提到他慷慨就义前集唐人诗句而成的一首绝命诗:"夕阳明灭乱流中,落叶寒泉听不穷。已忍伶俜十年事,心持半偈万缘空。"查了出处,知道其中"夕阳明灭乱流中"一句集自韦应物的七律《自巩洛舟行入黄河即事,寄府县僚友》中"寒树依微远天外,夕阳明灭乱流中"。原来这位身陷囹圄、慷慨就义的共产党的早期领导人也酷爱一向被人目为恬淡、富含禅意的韦诗,临刑绝笔,深契韦诗的清纯,便用它来表达与人世诀别时的心情。这下给了我很深的印象,从此开始关注韦诗。

韦应物又称"韦苏州",曾在苏州担任过地方长官,堂堂一州的刺史,免官后竟然筹措不到回乡的川资,寄居佛寺,羁留于此,贫病而终。这样的结局也让人生出许多感慨。笔者自小生长苏州,因此多了与其亲近的理由。再后来选购唐代诗人的专集,便将《韦应物诗选》带回了家。读到《燕李录事》中"此日相逢思旧日,一杯成喜亦成悲",猛然想起金圣叹《批唐才子诗》中有见此诗"不觉声泪俱下"的话,一下子感慨万端。想那金圣叹,锋利的屠刀架在脖子上,不曾有半点畏惧的意思,一首小诗居然让这个脾气古怪的老人涕泗横流、痛哭失声。看来金圣叹也是韦诗的粉丝。金氏乃文学批评的大家,能够入得他的法眼,这韦应物必是不寻常的人物。看来自己对韦的诗歌成就认识仍然不足。后来读书,知道连去唐不远的苏轼也是韦应物的粉丝,他写《寄罗浮邓道士》有意模仿韦氏的《寄全椒山中道士》,但被人评说韦诗"高妙超诣"、"绝唱寡和"(洪迈《容斋随笔》),一流诗人苏轼遇上韦应物,也只得礼让三分。

  韦应物长期在江淮为官,有许多吟诵淮上风物的诗,这也是他诗中的精华所在。诗里的全椒、滁州都是江淮一带的地名。淮上,大约是指淮河中下游。这是一片很有名气的热土。中国的中世纪,江淮一带是政治军事的重心,"紫泉宫殿锁烟霞,欲将芜城作帝家","长淮望断,关塞莽然平。洙泗上,弦歌地,亦骚腥"。诗人骚客一涉淮上,文句中便透着一种苍凉。韦应物生活的时代淮上尚无战火,他在这里宦游,尽可从容作诗的徜徉。"江汉曾为客,相逢每醉还。浮云一别后,流水十年间。欢笑情如旧,萧疏鬓已斑。何因北归去?淮上有秋山。""何因北归去,淮上有秋山"一联让我浮想连翩。淮上的秋山一定有别样的风姿,才会让漂泊中的游子流连忘返,为朋友抛下这样的风景远去惋惜不已。欧阳修《醉翁亭记》可以为此作证,读欧记后,你一定会感觉诗人的感叹绝非夸张。《夕次盱眙县》是标准的"淮上诗",读后感觉淮上真的气象不凡。"落帆逗淮镇,停舫临孤驿。浩浩风起波,冥冥日沉夕。人归山郭暗,雁下芦花白。独夜忆秦关,听钟未眠客。"这样的淮上,你是不是也会有亲历一番的意愿呢?

一首太美的唐诗

据说美学家宗白华看到符合其审美理想的外物总会感叹一句:太美了。如果旁边有人问他为何美、美在何处,回答是又一声感叹:太美了。大师不讲理由自有大师的理由,大师是后学的楷模,此时则可以用来作我学识浅薄、江郎才尽的挡箭牌。我想对崔曙的《九日登仙台呈刘明府容》叫声好,因为说不出理由便可以不说理由。我这样绕来绕去,读者可能听不明白,听不明白也不要紧,我把崔曙的诗录出来,只要大家能附和一声,也说好,我就心满意足了。

汉文皇帝有高台,此日登临曙色开。

三晋云山皆北向,二陵风雨自东来。

关门令尹谁能识,河上仙翁去不回。

且欲近寻彭泽宰,陶然共醉菊花杯。

虽然已经有了上面的开托,但我还是想问一下诗坛的方家,"关门令尹谁能识,河上仙翁去不回",诗意的迷离、飘逸是不是濡染了有唐一代终南问道、庐山炼丹的仙气?再有就是如果喝彩的要求能得着读者的广泛响应,我还想追问一句:由众多名家编成、上海古籍出版社出版的《唐诗鉴赏辞典》,为什么会遗漏了这样一首极可讽诵的好诗?

杜牧诗中的雨

"清明时节雨纷纷,路上行人欲断魂。借问酒家何处有,牧童遥指杏花村。"杜牧的这首小诗,因为清新可爱而世代相传。从节候的特点看,我断定写的应当是江南。我在江南农村生活多年,诗中描述的"清明时节雨纷纷",正是春耕农忙的日子,对我而言绝无半点诗意。江南乡间下雨后道路十分泥泞，一脚下去便是一腿烂泥，倘穿胶鞋，拔腿更难，拔起来后，抬腿也难，因为胶鞋上沾满了烂泥，少说也有六七斤，而且是越沾越多。雨中走路难、行人多苦颜。我十五岁下乡，生活十分艰难，"清明时节雨纷纷"，在杜牧的诗里是一股浪漫的气息，而在我的记忆里却满是酸楚和艰难。

"清明时节雨纷纷"是微观，即时景物的描写，一旦宏观起来，我觉得杜牧写雨就变得更加深沉、更加耐看。"深秋帘幕千家雨，落日楼台一笛风"，雨雾成幕，将秋草经霜未凋的江南隐隐地遮蔽了起来，只有清亮悠远的笛声，穿越了雨雾的笼罩，回荡在微寒湿润的土地上，让人感觉到萧瑟中的人气与活气。《题宣州开元寺水阁》是一首寄意遥深的怀古诗，用"来去"、"歌哭"来形容或平常或不平常的人生，该有多么贴切！"六朝文物草连空，天淡云闲今古同"，诗人睹物生情，浮想联翩，一瞬间就有无数历史意象的穿越，然而历史的沉思居然没有妨碍诗人对江南如画景色的描摹，高超的诗艺真的让人起敬。

杜牧写雨，最传神、影响最大的当然要数《江南春》："千里莺啼绿映红，水村山郭酒旗风。南朝四百八十寺，多少楼台烟雨中。"景物的描写远近搭配、虚实相辅，气魄恢宏，将人引领到一个广远的境界，烟雨莽莽、花木葱茏、酒旗漫飘、古刹隐现，这些参差的景物激发起人们对江南古往的憧憬，仿佛的帝王萧衍、谨言慎行的太子萧统，佛门中得道的高僧慧远、支道林，一时聚齐，这样的取景深度谁人堪与匹比？

一首精巧的陆游诗

提到陆游，大家想到的就是爱国诗人，其实他的爱国诗颇多雷同，即使从审美的角度看，价值也不算高。"早岁那知世事艰，中原北望气如山。塞上长城空自许,镜中双鬓已先斑。""此生谁料,心在天山,身老沧洲。"一声慨叹,几句豪语,这便是陆氏的招牌诗,钱钟书批评他和辛弃疾空喊口号,以获时誉。清流放言可以无忌,张浚、韩侂胄也主战,一动兵,便碰了个头破血流。其中情形虽然复杂,但总起来看,国力不济,固守已属不易,更遑论北伐?失恋的伤痛是陆游诗的另一个主题,"城上斜阳画角哀,沈园非复旧池台",回旋反复,虽然颇得同情,但感觉与爱国诗一样颇多雷同。

因此之故,我更关注陆游另一类描写自然景物、日常生活的诗。近日从他的集子中读到一首小诗,清新可爱,感觉诗人也是一个想象丰富、充满生活情趣的解人。联系到他记叙农家生活乐趣的《游山西村》,更觉诗人不乏常人的情感,写景写物确有过人的才情。

兹将小诗录下,供读者品味。

俯仰两青空,舟行明镜中。蓬莱定不远,正要一帆风。

(《泛瑞安江风涛贴然》)

小诗由口语化的文句组成,读来十分亲切。诗中景色如画:俯仰之间,天上青空、水中青空,因是"风涛贴然"、水波不兴,眼帘前一片澄澈,舟行也如镜中扬帆,留下一条长长的浪迹。蓬莱定不远,为什么?诗里没有直写,却有暗示。瑞安江景色秀丽,我猜想此时诗人的眼中必是两岸群山起伏,绿树纷披,幽深的河谷,清波荡漾,让人有渐入佳境之感。景物描摹之后,便是诗人意愿的表达,那要求小小的、纯纯的,纵然是钢肠铁骨,此时也会柔情万种,料想老天爷必定送风、不肯作难。

附 文

日剧观后

周作人在他的自传文章里承认，他的心里有两个精灵，一个叫作绅士鬼，一个叫作流氓鬼，一个是行善的，一个是作恶的。周作人是大文豪，现代鸿儒，看来人中俊杰的心里也是好恶并存，足见宋代张载认定义理人性与气质人性同存于一身便是普遍的人性，并非虚妄。

既然人性具有普遍性，人性两重性自然就具有跨越国界的普适性，这一点我竟然在日本当代著名演员米仓凉子任主角的日本电视剧《黑色皮革手册》中的那个原子身上得到了验证。米仓凉子的表演真让人拍案叫绝，就像是一个人同时出演了两个性格绝然不同的角色：将人性中好与恶两种特性都表演得淋漓尽致。顺便说一句，我觉得米仓凉子似乎具有特别的天赋，最能成功扮演这样的角色。我看过她的另一部电视剧《女系家族》，颇有异曲同工之趣：一面是受侮辱的、逆来顺受的；另一面是富有心计，不出手便罢，一出手就要置对手于死地。

因为谈论日本戏，想顺便说一句，我不喜欢日本的政治家，也希望国家能够守住祖宗留给我们的钓鱼岛，出一出自甲午战争以来郁积胸中的恶气；但我喜欢日本的艺术，就像参加反日示威的人照旧开着日本车一样。日本人怎么会有那么多的艺术气质啊？之前有川端康成，现在一下子又冒出了两位文学巨匠：渡边淳一、村上春树。韩国是电视剧生产大国，但韩剧热热闹闹，看过了，什么也没记住；日本电视剧看了，要么让你感觉极有滋味，要么让你感觉不是滋味。极有滋味与不是滋味都会在你心里翻来覆去，真是好久好久也忘不掉啊。

我有一个习惯,好看的电视总是会去看第二遍,甚至第三遍、第四遍。《黑色皮革手册》前后看过也有三四遍了。感觉属于不是滋味的滋味,不是滋味的滋味,让我思来想去,久久不能放下。这里只想零乱地说说自己那些不是滋味的滋味。

第一,电视告诉我们,银座的酒吧是一个情色的世界,但千万别把它看成温柔之乡,它是一个深不可测的江湖,也切记不可一见江湖就冲动,见猎心喜,随便试水,会淹死人的。一旦下了江湖,湿了身子,就没有了退身步,混好混坏,当事人都会愈陷愈深。委婉点说,就是开弓没有回头箭。原子本来是一名银行出纳,日子应该能够过得去,但野心与贪欲驱使她走上了一条充满不测与凶险的不归路。

第二,酒吧的老板都是妈妈,她们玩心计、耍聪明,钩心斗角,热闹好看,仿佛是整台戏的主角,其实真正操控这个行业的另有人在。酒吧不是世外桃源,一样是男性主宰的世界。经营酒吧,没有有权势的男人在背后撑腰是玩不下去的。酒吧妈妈即使有天大的本事,也得认真琢磨大亨们的脸色,如果招待酒食、贡献金钱不能满足这些人的欲壑,必要时还得搭上自己的身子。电视中的原子这么厉害也改变不了银座铁一般的法则。

第三,现代化都市通行的仍然是原始的丛林法则,弱肉强食。面相凶恶的长谷川居于银座食物链的顶端,一家独大,想吃谁吃谁,谁都惧怕他。长谷川以下一级统驭一级、一级欺凌一级。虽然是被吃、居于食物链的下层,被吃者也必得要尔虞我诈、同类相残、机关算尽,为自己争取更多的生存空间。

第四,原子本来只是一只被吃的虾米,竟然觊觎吃人者嘴里的食物,硬是要火中取栗、与虎谋皮,分割已被他们收入囊中的猎获物。尽管她有不俗的才智、高明的伎俩,在最初几个回合的较量中也确实获得了胜利,但到底寡不敌众,无法打破银座的丛林法则,她的被吃也是早晚的事。

第五,情节紧张刺激、透视人物极有深度。吃人与被吃,与吃人者周旋,情节使然,整个电视剧充满了悬念,跌宕起伏,给人以极大的紧张感。主人公与吃人者斗智斗勇的精彩场面让人印象深刻。欲望、野心和尚未消泯的人性的复杂组合,告诉人们这就是现实的人性。

《父亲大人敬启》也是一部日本电视片,一共 11 集。大概受制于资金,格局很小,编剧是在一个非常狭窄的空间里展开它的情节:大都市中一条名叫神乐坂的未经现代化改造、极度逼仄的街巷,一家叫作坂下的陈旧落伍的百年老店,剧中充任主角的只是小酒店的老板、厨子、艺妓。导演还故意将荧屏的色彩调暗了,营造出幽暗、压抑的剧情气氛。可是我居然为这样一部电视剧着了迷,五六年里前后看了不下五六遍。按说剧情已经非常熟悉,但每一次观看都会搅动我心中的波澜。朋友问理由,我的即时反应是说电视中城市扩张对底层市民生活形成的冲击,市井小民在变动时势中为了生存所做的挣扎,小人物善良的性格和浸染了凄美色彩的爱情故事使我感动。事后琢磨,觉得电视剧中包含的那些更深层次的戏剧元素才是打动我的真正原因。

电视表现的是生活于底层的人物,而我们这个社会的主体不正是这些人吗?剧中人物的悲欢,或者每天都在我们周围发生,或者就发生在我们自己身上。我们麻木了,甚至受了伤也不再发出呻咽,但艺术家没有麻木,将镜头对准了死寂的街巷里让人感到窒息的生活,通过荧屏,我们发现了顽强地保持着的没受污染、没有扭曲的真情与人性。

小巷中的平静生活终于到了曲终人散的时候,推土机在狭窄街巷里的出现只是早晚的事,所有的人都必须重构他们的未来。辛勤诚实的劳动,血浓于水的亲情、人与人之间的体谅与宽容,小巷里这些美好的东西都将随着酒馆的关门而水流云散。传统与现代的抉择让人觉得怪异。选择现代化就要与维系他们的亲情与友情的酒馆告别,而新的生活又完全由唯利的原则和算计的原则所统治。正是因为如此,接受了老板私下传达的聘约的一平有了负罪感,而更多的人则因为缺失了利用的价值正体验着被现代生活无情抛弃的冷酷。

虽然只是一个小型的制作,但片子里编剧与导演的匠心仍然随处可见。荧屏中的人物有的脸上漾满了谦和的笑纹,有的则流露出受生活逼迫、进退失据的戚容,导演努力让我们从笑意与忧郁的呈现中解读出人物或平淡或曲折的故事和他们在不平世道中的复杂心态。老板娘虽然面露微笑、保持着她在公众场合一向优雅的面相,却终于敌不过酒馆倒闭的严峻事实,不知被送到了远离东京的乡间的她是否还能抚平心里的伤痕?单亲母亲雪乃也是,她的笑容里分明让人读出了人生中的无奈与苦涩。

一平是电视剧中的主人公,年轻是他最大的本钱,坂下的倒闭对他的影响因此比别人小许多,在是否接受新店聘约时也多了一份道德的考量。身份的超然,带给他一双平静观看的眼睛和理性的思考。编导对这个特定角色的利用几乎到了极致,他写给父亲的信,巧妙地被转化为剧中的旁白,连接起有较大跨度的情节;他与直美之间的爱情故事牵扯出神乐坂幽远的过往,使剧情的内涵与深度得到了极大的拓展。

喜欢电视剧,说到底也就是喜欢电视剧中的人物。龙次刚毅的外表、豁达的胸襟与处事的圆熟,不仅让人喜欢,而且引人钦敬。有着一副古典美的面孔的老板娘,心地也特别善良。她热情地撮合孙女惠理与一平,但当知道一平另有心爱的女人时,她所给予的欣赏与祝福更让人感觉珍贵。雪乃与津山冬彦为了让孩子不再蹈袭自己年轻时经历过的不幸,宁愿掀开一直隐匿的仍在滴血的伤疤。

酒店终于关门歇业了,龙次师傅平静地离开了他工作了差不多一辈子的酒店,善良的老板娘也被送到了遥远的乡下。未来吉凶未卜,一平、淳子还有店主一家能有好的归宿吗?电视剧留下的悬念,定能激发起我们对剧中这些善良生灵的关注,并送上最诚挚的祝福。

戏说陶渊明

陶渊明辞了彭泽令,便来庐山隐居。开头两年日子过得也还舒心。这倒不是前些年充任下吏,总算还有一些积蓄,尚不至于冻馁,而是说庐山端的清静。平日里,今朝有酒今朝醉,酒醒时便去屋后侍弄那些并不怎么娇惯的菊花,用渐渐朦胧的老眼望望清纯的庐山,吁出几口恶浊的酒气之后,心情也变得舒坦了,笔下因此常有不俗的诗文。兴致高的时候,便走个几里路,到东林寺找慧远和尚聊天。慧远这人厚道,宽容,不势利,虽然陶渊明不好凑热闹,婉拒了慧远要他加入"莲社"的邀请,但慧远依然待之以礼,留饭时,桌上总有一壶素酒。

可是现在庐山这边忽地嘈杂了起来了。先是自家的茅舍前修了条阔阔的路,石子铺成的路面上浇了层黏黏糊糊、有股子气味的黑色的油。路倒是很平,下雨走路也不黏脚,全非先生以前所走的泥泞的小路可比。但要命的是,路修好以后,便有四个轮子的怪物风驰电掣般地在路上跑。有时那怪物便停在陶渊明的茅屋前,走下来不少男男女女,对着茅屋指指戳戳,有的还捧着个黑色的匣子,对着他家的屋子一闪一闪的。这几天更是怪事迭出。第一天来了个粗矮的胖子,带了一箱"陶公酒",自称是什么五柳酒厂的厂长。他说过几天要开弘扬酒文化的大会,坚邀陶先生到会,以便现场说法,介绍"陶公酒"健身、理气、舒筋、活血、延年、益寿的功效,把陶先生搞得晕头转向。陶渊明爱清静,自然不会答应,但酒却留下了。那天晚上,陶公忽然想起了,便将酒取了出来。不料那酒厉害,口感很冲,喝了上头。

陶先生本打算酒后续完那篇前两天搁下的《闲情赋》，但三杯两盏下肚之后，笔也握不稳了，坐在桌前醉眼陶然，脑子里一片空白，只好作罢上床，向睡梦里寻觅风情。第二天又来了个细长的瘦子，拿出一张画得花花绿绿的图纸，说是要在山南建什么"桃花源旅游山庄"，并告诉先生，说现在讲究什么名人效应，因想借助陶公大名，聘他当个开发公司的顾问什么的，还特别申明，他知道陶公爱清静，不需要陶先生管事，开业时只需到场剪个彩，作个简短的发言，讲讲酒中真谛、中国的山水文化。看到桌上《闲情赋》的草稿后，那人表示希望陶先生也能够讲一讲酒与性的关系，还说以后厂里每月都会按时把顾问费送到府上。

陶先生哪里经得起这番啰唣，心里不开心，便去找慧远和尚诉苦。孰料慧远告诉他，九江的府台大人前几天专门来东林寺访他，说是上头发话，东林寺也算是海内名刹，必欲正名，现今已定了个正处级名分，据说与他过去当的那个彭泽令官阶相当，慧远和尚也因此配上了一辆日日在陶渊明门前来往的四个轮子的怪物。慧远告诉他，那叫汽车。乘上这玩意儿，自庐山到京城建康，朝发夕至。

陶渊明心想，自己到庐山隐居，就为这里天高皇帝远、不受朝廷拘束。现在倒好，到建康朝发夕至，与皇帝成了邻居，还算什么隐居！心里不痛快，这两天酒就喝得多。这一天天气晴朗，阳光明媚，秀丽的山峦尽显眼前。香炉峰上的两条大瀑布扬起的水汽让整个山麓都感觉湿漉漉的，十分清爽。在庐山，这样的好天气一年中难得有几天。陶渊明乘着酒兴，踉踉跄跄，绕了点路，走好汉坡上了庐山。步子虽然不很稳健，但心里是明白的，他想到庐山"云深不知处"找个安静的所在安身。快到山顶的时候，忽见前头竖起了一座高高大大的石牌坊，上书"庐山大门"。心里便有些蹊跷：什么时候庐山安了大门了呢？正纳闷，突然唰的一声，眼前一道黑光，落下一根竹竿，不仅挡住了陶先生的去路，还把先生吓了一跳。先生尚未清醒，道旁就窜上来一条汉子,手一摊,问陶先生要钱。先生有些明白了,原来是剪径的。忙说:"好汉不可造次,老朽在山下务农,日出而作,日落而息,仅只半饱而已,老妻的那几件可怜的首饰早已用来换了柴米油盐,自己有时要想喝酒还要厚着老脸赊账。哪有银两给你。"大汉似觉受了羞辱,朝先生面门上狠狠地啐了一口:"我要你买门票,你敢骂我是强盗!"眼看着要动粗,此时道旁又来了一位,读书人模样,忙伸手拦住:"朋友息怒,朋友息怒。我给你介绍介绍,这位就是写《桃花源诗并记》的陶渊明,陶靖节先生,是当今名士哩!"又转过身来对陶渊明说:"陶先生,您想上庐山观景,可是现在上面下了公文,规定要买门票的。""什么?"陶渊明老大不快:"天地之间,物各有主,苟非吾之所有,虽一毫而莫取,老朽因此家徒四壁,衣食不济。惟江上之清风,与山间之明月,耳得之而为声,目遇之而成色,取之无禁,用之不竭,是造物者之无尽藏也,吾岂能为造物所赐之无价风月付费!"读书人说:"哎,先生,您说的这番话,我好像在苏轼先生处听说过。"陶渊明用眼睛瞟了瞟他:"老汉蛰居于此,不曾识得这个苏轼。可见人同此心、心同此理嘛。"读书人想了想:"好吧,先生,我也知道您不吃皇粮了,又拖儿带女,不容易,这门票我替你付了。先生请吧。"读书人一挥手,竹竿被轻轻拉起,为陶渊明让出了道。陶渊明不愿领情,依旧气呼呼地朝山门里走去。山下到山上,路本来就不近,再加上因着门票的这番耽搁,到牯牛岭已是薄暮冥冥。唯其如此,庐山的夜景又让陶渊明大大吃了一惊。原来,牯牛岭上不知什么时候建起了一大片迥异于茅棚的华屋高楼,此刻已是掌灯时分,灯火辉煌,亮成了一片。陶渊明揉了揉眼睛,正欲上前看个仔细,路旁来了几个黄头发、蓝眼睛、鹰爪鼻的男男女女,那女的袒胸露背,高高的胸脯一颠一颠的。陶先生看得心惊肉跳,早已放弃了上前问个明白的打算,侧身往路旁一闪,静候他们通过。那些男女嘴里叽里咕噜地从一旁走过去了,留下一股子怪味道。陶先生此刻酒也醒了,他书读得多,仿佛

附文

记得书中曾记过西域人的长相,与这些男女的模样很是相像。心想,西域人都到这里落脚来了,自己还来凑什么热闹?上山时的那股劲头顿时全泄掉了,便决意摸黑下山。

陶渊明于是仍在山南陶庐里苟且度日。岂料祸不单行,没过几天,又出事了。原来江西督抚那天早晨接到京城建康来的电话,说是朝廷闻得陶渊明的事迹,又知道他是功臣之后,很想请这样的名士出来帮衬帮衬。督抚不敢怠慢,要了辆奔驰,一个时辰便从洪都到了九江,拉上了九江府便到陶庐促驾来了。督抚执礼在先,好一番开导,无非是国家兴亡、匹夫有责,现在国家多难,还望先生顾念天下苍生,出来兼济。见陶渊明捧着酒壶一味装糊涂,督抚就有了不仁之心。他使了个眼色,身后的衙役拿着一根短短的黑色棍子往陶先生身上轻轻一捣,先生立时感到一阵发麻。陶渊明是何等的聪明,知道遭了暗算,心想:自己遇上朝廷征辟已有好几回了,都是文请,不料这回来武的了。陶先生思量,好汉不吃眼前亏,先胡乱应承下来再说,忙道:"我去,我去。"督抚见状回嗔作喜:"先生出山乃国家之福、苍生之福,那就起程随下官上路吧,外面轿车已准备好了。""莫急,莫急!"陶渊明连忙拱拱手道:"督抚大人还望稍稍展缓,容老朽安顿一下妻儿老小,再说手头的一篇《闲情赋》尚有一个结尾未曾写得,也容老朽今晚完篇了,明日便行,如何?"督抚想既然老头子还算识相,迟一个晚上又不算什么。再说他早就听说浔阳歌女色艺俱佳,也正想去开开眼界,便答应了。于是一伙人由府台引路,开着奔驰去了九江。

督抚前脚刚走,陶渊明便对妻子说:"老太婆,这儿是住不得了,咱们连夜上路,去湘西觅个清静之所吧。"陶渊明家无长物,收拾起来也快。一家老小草草打点了,便乘着月色跌跌撞撞向西走去。可怜陶渊明颠沛而去,却忘了普天之下莫非王土,湘西那边也与庐山一样正在建造什么"武陵源度假区",热闹着呢。

后记

自1999年结集出版《斜阳旧影》,本书是我的第四本随笔,其间相隔已有十六年,光阴似箭,来不能邀,去不能追,特别是想到欧阳修"言不可恃"的警示,对自己与写作结缘的经历也时常有一些反思。

我出生于苏州近郊的贫寒之家,父母都识字,知道文化对于人生的重要,只是父亲去世得早,母亲生活负担重,难有精力关注我们的学习。自己后来变身为"读书人",感觉全是机缘巧合。读小学一年级的时候学校搞教育改革,识字没多少就安排做作文了,我和同班女同学的两篇习作还被老师贴在橱窗中展览,年纪小不太理解它的意义,作文的内容也早被我忘得干干净净。但自己后来阴差阳错地喜欢写写东西是否受到这件事潜移默化的影响,似乎也说不大清楚。中学读了一年便遇上"文革",中断了学业。下乡以后,为了谋生,周围有人学木匠、学雕刻,苦苦寻找出路。我呢,也是鬼使神差,居然因为写了几篇通讯报道,被领导看中,在乡里谋得了一个差使,渐渐脱了产,不用再下地干活。这真应了"鱼有鱼路、虾有虾路"这句老话。可见为了生存,人总会有本能的挣扎。后来读大学,作文课成绩好,被学校留下来为领导写简报,明显是受到了重用。不想这厚待后来竟成了我的一场噩梦。学校创建于战争年代,依战时体制运作,一级统驭一级,我写的简报直呈省里领导,学校十分重视,也要一级一级地通关,往往这里修改通过了、那里说不定又要改回去,再顺利的通关,也得有五六个来回,很为难人的。那时自己刚毕业,上学时又一直受到要求进步的劝诱,便时常告诫自己要忍耐。不料心是忍了，身体却甚是不忍，头晕，天旋地转，一动就吐，后来黄的、红的都吐出来了，医生诊断是美尼尔氏综合征。朽木难雕，领导终于失望，让我改了行，孰料因祸得福，中枢失衡的病症也因环境的变换不治而愈。后来到学术期刊当编辑，编辑部学术气氛浓厚，提倡编研结合，我也随缘，写了不少学术文章。年轻时喜欢写散文随笔，此时也捡了起来，写成后陆续被报纸、杂志刊用，拿到样刊、稿酬，心底总会浮起一阵小小的欣喜。直到2001年南下深圳大学任教，一直保持了这样的写作兴趣。

写散文随笔，初时只是自娱，写多了就长了心眼，觉得学术受时势制约，影响不会久远，写人情物态、处世心得、读书体会，内容普适，不受环境阈限，或许能引发更多人的兴趣。想那窦叔向，唐诗中只留了一首《夏夜宿表兄话旧》，诗中的离别之情拨动了多少天涯孤客的心弦，千载而下，仍时时被人提起。每念及此，常常为之怦然心动！但欧阳修不太看好文章的断论也常在耳畔萦绕。欧阳修受命治史，眼见不少古人寄情翰墨，孜孜矻矻，留下等身著作，却经不住岁月的淘洗，不久便百不一存。文字垃圾掩盖了文章本有的光辉，立言未必能够传世。清代书画家郑板桥也深然其说，讲秦始皇焚书，留下千古骂名，殊不知，许多为文造情、虚声矫气、心口不一的所谓文章往往不待人烧，早被人弃如敝屣。古人的警示我是听进去了。但既然身为读书人、以文字为活，也便不能妄自菲薄。我知道"言不可恃"，在欧阳修那里并不是全称判断。好好写、写得好，或许还有引起同时代人的注意、被后来者提起的一线希望。

心念一转，不少古人的作文经验，便时常浮上脑海。韩愈说：仁义之人，其言蔼如，讲做人是文章的根本，做好了人才有文章的品位。而"根之茂者其实遂，膏之沃者其光晔"，又讲学养、讲积累，养根俟实，加膏增光，当有一个量积质变的过程。归有光称文章乃天地元气，应与天地同流，因其说得太过抽象，一时未能深解。后来读柳冕《与徐给事论文书》："在君子之心为志，形君子之言为文，论君子之道为教"，则稍有会意。柳、归二人都肯定做人与作文的统一，文章合为时而作。人品、见识、胸怀是文章的生命，本于诚心、明于道理、切于实用，正气浩然，必能深入人心，彰显文章本有的力量。明人唐顺之反对剿袭陈说，崇尚"本色文章"，说写文章应当"直据胸臆，信手写出"，虽或疏鲁，然绝无烟火酸馅习气，称这"便是宇宙间一样绝好文字"。相反，文坛庸人"虽其专专学为文章，其于所谓绳墨布置，则尽是矣，然翻来覆去，不过是几句婆子舌头语，索其所谓精神，与千古不可磨灭之见，绝无有也，则文虽工而不免为下格"。我理解，本色文章应是情动于中而形于言，说心里话、写真实感受，这样的文章与常人生活贴近，平易亲切，多能感人。修身、养气，不是一日之功，但只要有心且坚持着，日久年深，总能体现为进步。这些年我所写的散文随笔，都是读书思考、有了较深感受后的发声，虽然到达不了左右逢源、一唱三叹的境界，但内容还算充实，不敢留下无病呻吟、为文造情的痕迹。至于唐顺之不矫情、说真话的这层意思，我一直将其视为做人的底线，做人真，文如其人，也必不假。

与千古不灭的精神相比，"绳墨布置"的价值自然见轻许多，但文质彬彬，才是文章的化境。结构布局、修辞造句，也一样马虎不得。起头收尾、文字直白、语言简洁，这些都是我较有体会的方面。至于写后细看，简直到了不厌其烦的地步。书中各篇，写成时看了改、改了看，过程绝不会少于六七遍，成书后反复校读，屈指算来总有十遍之多。这也是从业师那里受了教训、学得的方法。在学校读书时给先生交作业，自以为得意，却被指出了许多错讹，白纸黑字俱在，无法抵赖。不过当时的尴尬换来了事后的反省，先生的认真让我悟得了写文章不能有佞己、附己等先入之见的道理，要用挑剔、批判的眼光反复审读，文字务求准确、贴切、传神，读起来最好能够朗朗上口。

这本读书笔记虽然被我细分为三个板块，其实都可以归属借古鉴今一类，大多是读了前人著述后的体会与观察现实的结合。读书不能代替思考,中国古人讲尽信书、不如无书;叔本华说,看书是看别人的思想,别人的思想是别人在特定情景中的思考,别人的思想不能代替自己的思想。但前人的思考如果能与现实事象相勾连、作比较,则读书中的思考不也因此进入了新的境界,书非死读,而有了务实的品格吗?集中所载均是作者这方面用力后的收获,与读者分享,期盼招徕同好,切磋琢磨,亦可深化书里那些让人感兴趣话题的讨论。

平心而论,这些年自己写文章确是按着梁简文帝的意思向着"且须放荡"一路走去,慢慢积累了一点经验,文章也有进步,而做人则只知道守拙低调,连一向关心我、有心玉成此书付梓的朋友也恨我平日不知炒作,至今头角全无,极愿助我却无从措手。我想鸡吃米、鸭吃谷,各人头上一方福,本性难改,这也是没有办法的事,违性越分、强不能为能,只会弄巧成拙。幸运的是,拙著得到了学校和科研处领导凤亮老师、启波老师、王瑜老师的肯定与支持,崔福海老师承担了许多事务性工作,写成的书不必藏于深山而终致埋没,这感激自然是刻骨铭心。我是从网上查到本书编辑刘海老师的联系方法后冒昧地将书稿寄给了她,后来真就得到了她有力的推荐,真不知该用什么言语来表达我对她的敬意。

书中的部分内容曾写成文章在《读书》《书屋》《光明日报》《文艺报》《中国社会科学报》《深圳特区报》发表,也因此时常感念当日曾给予支持的朱竞梅、王斯敏、周玉宁、卫纯、周国和、胡长明、王兆胜、聂双、杨阳等先生,我与这些老师大多无一面之雅,相识的两位亦已睽违多年,此时,极想怀着感激之情对他们说一声谢谢。

在《来去斋随笔》中,我曾说过这样一段话:"如果说人生像是一场表演,那么,落幕时你难道不期待一阵掌声?"蒲柳弱姿、桑榆已迫,到了如我这般日暮天晚的年纪,凡人,大概都会有这样的希冀的吧?行文至此,不免心有戚戚、感触良多。

作者记于深圳福田侨香村

2015年10月9日改定